O REINO DA FALA

O REINO DA FALA

TOM WOLFE

TRADUÇÃO DE PAULO REIS

ROCCO

Título original
THE KINGDOM OF SPEECH

Copyright © 2016 *by* Tom Wolfe

Todos os direitos reservados, incluindo o de reprodução
no todo ou em parte sob qualquer forma sem
autorização prévia, por escrito, do editor.

Direitos para a língua portuguesa reservados
com exclusividade para o Brasil à
EDITORA ROCCO LTDA.
Av. Presidente Wilson, 231 – 8º andar
20030-021 – Rio de Janeiro – RJ
Tel.: (21) 3525-2000 – Fax: (21) 3525-2001
rocco@rocco.com.br
www.rocco.com.br

Printed in Brazil/Impresso no Brasil

preparação de originais
MAIRA PARULA

CIP-Brasil. Catalogação na fonte.
Sindicato Nacional dos Editores de Livros, RJ.

W837r
Wolfe, Tom, 1931-
O reino da fala / Tom Wolfe; tradução de Paulo Reis. –
1ª ed. – Rio de Janeiro: Rocco, 2017.

Tradução de: The kingdom of speech

ISBN: 978-85-325-3064-6 (brochura)

ISBN: 978-85-8122-689-7 (e-book)

1. Análise do discurso. 2. Linguística. I. Reis, Paulo. II. Título.

17-40072

CDD-401.41
CDU-81'42

*Com profunda reverência,
o autor agradece a*
CHRISTINA VERIGAN
*por uma fatia tão grande
da sua erudição*

CAPÍTULO I

O ANIMAL QUE FALAVA

EM UMA NOITE CLARA do ano de 2016, meu rosto brilhando com sei lá quantos MilliGAUSS de radiação X da tela do computador à minha frente, eu estava surfando na rede e cliquei em uma página que dizia:

O MISTÉRIO DA EVOLUÇÃO DA LINGUAGEM[*]

Parece que oito evolucionistas pesos-pesados[**] – linguistas, biólogos, antropólogos e cientistas da computação – haviam publicado um artigo anunciando que estavam desistindo, jogando

---

[*] Era um artigo acadêmico publicado na *Frontiers in Psychology* ("The Mystery of Language Evolution", 7 de maio de 2014, disponível em: dx.doi.org/10.3389/fpsyg.2014.00401).
[**] Eram eles: Marc D. Hauser, Charles Yang, Robert C. Berwick, Ian Tattersall, Michael J. Ryan, Jeffrey Watumull, Noam Chomsky e Richard C. Lewontin.

a toalha e caindo fora no que dizia respeito à questão de onde a fala – a linguagem – vem e como funciona.

"As perguntas mais fundamentais acerca das origens e da evolução da nossa capacidade linguística permanecem tão misteriosas quanto antes", concluíam eles. Além disto, pareciam prontos a abandonar toda a esperança de *um dia* achar a resposta. Ah, vamos continuar tentando, diziam eles bravamente... mas teremos de começar do zero outra vez. Um dos oito era o maior nome na história da linguística, Noam Chomsky.

"Nos últimos quarenta anos", diziam ele e os outros sete, "houve uma explosão de pesquisas sobre este problema", e tudo que isso produziu foi um colossal desperdício de tempo por parte de algumas das maiores mentes do universo acadêmico.

Bom, aquilo era estranho... eu jamais ouvira falar de um grupo de especialistas se reunindo para anunciar que eram uns fracassados abjetos...

Muito estranho, na realidade... então continuei surfando e caçando, até que cliquei no único acadêmico que consegui descobrir que discordava dos oito fracassados, um químico da Universidade de Rice... *Rice*... antigamente a Rice tinha um grande time de futebol... o Rice Owls... me pergunto: o que eles estão fazendo agora? Eu naveguei em torno do site do Rice um pouco mais, e *uh-oh*... não tão grande como na última temporada, os Owls... *futebol*... então fui surfando até *concussões no futebol*... exatamente como eu pensara! Há uma verdadeira epidemia de concussões acontecendo! Eles ficam se batendo até causarem coágulos uns nos outros, um Alzheimer prematuro!... *concussões*... surfando surfando surfando, mas olhem só para isso! O futebol americano é pinto perto do *hóquei no gelo*... sem ao menos duas concussões no crânio, você nem entra na NHL (Liga Nacional de Hóquei)...

... e durante todo esse tempo outra coisa estava tão presa nas minhas pirâmides de Betz que nem uma cabeçada dada por um dos sicários da Liga poderia tê-la deslocado: eles não conseguem entender o que a linguagem *é*. Cento e cinquenta anos já se passaram desde que a Teoria da Evolução foi anunciada e eles não descobriram... *nada*... nesse mesmo século e meio, Einstein descobriu a velocidade da luz, além da relatividade da velocidade, tempo e distância... Pasteur descobriu que micro-organismos, notadamente as bactérias, causam um número diabólico de doenças, desde resfriados até antraz, ou pneumonia em seu último estágio, com pulmões colapsados e oxigênio por tubo... Watson e Crick descobriram o DNA, os chamados tijolos de que são feitos os genes... e nesses 150 anos os linguistas, biólogos, antropólogos e representantes de todas as demais disciplinas não descobriram... *nada*... sobre a linguagem.

Qual é o problema? A fala não é um dos vários atributos que só o homem tem... a fala é o atributo dos atributos! A fala representa mais de 95 por cento daquilo que eleva o homem acima do animal! Fisicamente, o homem é um caso triste. Seus dentes, incluindo os incisivos, que ele chama de caninos, são de tamanho bebê, e mal conseguem penetrar na casca de uma maçã verde demais. Suas garras só conseguem arranhá-lo de leve quando ele se coça. Os ligamentos esgarçados de seu corpo fazem dele um fracote, quando comparado a todos os animais de seu tamanho. Animais do seu tamanho? Em combate de mão-contra-pata, mão-contra--garra ou mão-contra-incisivos, qualquer animal do mesmo tamanho jantaria o homem. Ainda assim, ele possui ou controla todos os animais que existem, graças ao seu superpoder: a fala.

Que história é essa? O que vem deixando infindáveis gerações de acadêmicos, gênios consagrados, totalmente perplexos quando se trata da fala? Durante a metade desse período, como veremos, eles declararam, de maneira formal e oficial, que a questão era insolúvel e pararam de tentar. O que eles ainda não entenderam depois de uma verdadeira eternidade?

Nossa história começa dentro da cabeça dolorida e prestes a rachar de Alfred Wallace, um naturalista britânico de 35 anos, alto, esguio, barbudo, com ensino fundamental incompleto e autodidata. Ele estava longe, sozinho, estudando a flora e a fauna de uma ilha vulcânica no arquipélago malaio, perto da linha do equador... quando contraiu a temida febre de Genghis Khan, hoje conhecida como malária. Então lá estava ele, dentro do que não passava de uma choupana de sapê, estendido ali, prostrado, acamado, impotente... e outra rodada dos paroxismos o acomete com toda a força... os calafrios, os tremores que lhe chacoalham as costelas... o acesso de febre que quase racha sua cabeça, seguido por um suadouro tão profuso que transforma a cama em um encharcado pântano tropical. Como o ano é 1858, e o local um miserável ponto da Terra pouco povoado muito ao sul dos janotas e dândis enfarpelados de Londres, Wallace nada tem para passar o tempo, exceto um exemplar de *Tristram Shandy*, que ele já leu cinco vezes, e seus próprios pensamentos...

Um dia, Wallace está deitado na sua fedorenta cama pantanosa... pensando... nisso e naquilo... quando um livro que ele leu uns bons doze anos antes surge borbulhando no seu cérebro: *Ensaio sobre o princípio da população*, escrito por um sacerdote da Igreja Anglicana, Thomas Malthus.*

O sacerdote tinha um palato deformado que lhe causava um defeito na fala, mas escrevia bem demais. O livro fora publicado em 1798, mas continuava bastante vivo, mesmo depois de sessenta anos e seis edições. Caso fossem deixadas sem controle, dizia Malthus, as populações humanas cresceriam geometricamente, dobrando a cada 25 anos.[1] O suprimento de comida, porém, cresce apenas aritmeticamente, um passo de cada vez.[2] Quando chegasse o século XXI, a Terra inteira estaria coberta por uma grande massa arfante de pessoas muito famintas, apinhadas juntas, lado a lado, palmo a palmo. Só que, como predissera Malthus, uma forma de controle surgiu: no caso, a Morte, uma Morte não natural por atacado... começando pela fome, com vastas fomes generalizadas... passando pela doença, com vastas epidemias... e pela violência, com o caos, matanças organizadas, guerras, suicídios e genocídios sangrentos... tudo sob o rufo dos cascos galopantes dos Quatro Cavaleiros dizimando os rebanhos da humanidade até sobrarem somente uns poucos, os mais fortes e saudáveis, com comida suficiente para sobreviver. Era exatamente isso que acontecia com os animais, dizia Malthus.

Eureca! A ideia se acende no cérebro de Wallace com um clarão – *Isso!* –, a solução ao que os naturalistas chamavam de "mistério dos mistérios": como a Evolução funciona! É claro!

---

* Esta experiência foi narrada por Ernest H. Rann, que entrevistou Wallace para o artigo "Dr. Alfred Russel Wallace at Home", *The Pall Mall Magazine* (março de 1909).

Agora ele consegue enxergar! As populações animais passam pela mesma mortandade que o homem. Todas elas, de macacos a insetos, lutam para sobreviver e apenas os "mais aptos" (expressão do próprio Wallace) conseguem. Agora ele é capaz de ver uma progressão inevitável. Enquanto gerações, séculos e éons vão passando, uma raça precisa se adaptar a tantas condições cambiantes que se transforma inteiramente em outra coisa – uma *nova* raça, uma nova *espécie*! – a fim de sobreviver.

Por pelo menos 64 anos, os naturalistas britânicos e franceses, a começar pelo escocês James Hutton[3] e o inglês Erasmus Darwin[4] em 1794, e o francês Jean-Baptiste Lamarck em 1800,[5] estavam convencidos de que todas as diversas espécies de plantas e animais atuais haviam, de alguma forma, evoluído a partir de espécies mais antigas. Em 1844, a ideia iluminara os céus sob a forma de um livro fácil de ler, e campeão de vendagem, intitulado *Vestígios da história natural da criação*, uma cosmologia completa da criação da Terra, do sistema solar e da vida animal e vegetal, desde as formas mais inferiores, até as transmutações de macacos em homens. A obra transfixou leitores de todos os escalões – Alfred, Lorde Tennyson; Gladstone, Disraeli, Schopenhauer, Abraham Lincoln, John Stuart Mill; a rainha Vitória e o príncipe Alberto, que liam o livro em voz alta um para o outro... assim como o público em geral –, aos magotes. Não havia o nome de qualquer autor na capa ou em outro lugar das quatrocentas páginas. Ele ou ela (havia quem presumisse que uma pessoa tão insidiosa só poderia ser mulher; Ada Lovelace, a filha demasiadamente talentosa de Lorde Byron, era uma suspeita) aparentemente sabia o que podia esperar.[6] O livro e a Srta. ou

Sra. Anônima, ou o Sr. Anônimo, comeram o pão que o diabo amassou nas mãos da Igreja, seus clérigos e devotos. Um dos pilares da Fé era a doutrina de que o Homem descendia do Céu e, decididamente, não de macacos em árvores. Entre os clérigos, o ataque mais feroz fora o do reverendo Adam Sedgwick na *Edinburgh Review*.[7] Sedgwick era sacerdote anglicano e um geólogo eminente em Cambridge. Se as palavras fossem chamas, as dele teriam queimado na estaca o tal herege anônimo. Aquela criatura miserável exalava o fedor da "deformidade e da podridão interiores".[8] Sua mente estava irremediavelmente desvirtuada por "visões grosseiras e imundas da fisiologia",[9] se é que na realidade a criatura ainda tinha uma mente. O patife sujo pensava que a "religião é uma mentira", que a "lei humana é uma massa de tolice e uma injustiça vil", e que a "moralidade é uma quimera". Em suma, aquele apóstata repugnante pensava que "podia tornar o homem e a mulher muito melhores com a ajuda de um babuíno" do que com as mercês de Deus Nosso Senhor.[10]

Depois o livro também comeu um pão de alto QI amassado pelo diabo nas mãos da comunidade geral de naturalistas consagrados. Eles achavam a obra jornalística e amadora, ou seja, o trabalho de um estranho, desconhecido no meio, e uma ameaça ao próprio status deles. Quando a décima edição foi publicada em 1853, o menino prodígio da comunidade científica "séria", Thomas Henry Huxley, então com 28 anos, escreveu o que mais tarde veio a ser descrito como "uma das resenhas literárias mais venenosas de todos os tempos".[11] Ele chamou *Vestígios* de "uma outrora atraente e ainda notória obra de ficção".[12] Quanto ao autor anônimo, ele era uma dessas pessoas ignorantes e superficiais que "se dedicam à ciência como passatempo, dispensando totalmente a lógica".[13] Todo mundo na comunidade acadêmica tinha prazer em ressaltar que o tal sabichão anônimo não conseguia sequer começar a explicar como, por meio de qual processo físico, toda aquela transmutação, a tal evolução, supostamente ocorrera. Ninguém conseguia entender aquilo – até *agora*, poucos *minutos* atrás, dentro do *meu* cérebro! *Meu!* De Alfred Russel Wallace!

Ele ainda está naquela cama molhada e fedorenta, tentando suportar os incessantes paroxismos da malária, quando é tomado por outro tipo de febre, uma febre *esfuziante*... com um desejo ardente de registrar sua revelação e mostrar tudo ao mundo – *agora!* Durante dois dias e duas noites...[14] nos breves momentos tranquilos entre os calafrios, as costelas chacoalhantes, as febres e os suadouros... ele escreve e ele escreve escreve escreve um manuscrito com mais de vinte páginas intitulado "Sobre a tendência das variedades de se afastarem indefinidamente do tipo original".[15] Está feito! Será sua a primeira descrição a ser publicada da evolução das espécies por seleção natural. Wallace enviaria o manuscrito para a Inglaterra no próximo navio...

... mas não para qualquer das publicações científicas populares, como *Annals and Magazine of Natural History*, ou *The Literary Gazette*, ou *Journal of Arts, Belles Lettres, Sciences, Etc.*, em que já publicara 43 artigos, durante seus oito anos de trabalho na Amazônia e, ali, na Malásia. Não, para este aqui ele ia montar o Grande Palco. Wallace queria que esse trabalho fosse direto para o decano de todos os naturalistas britânicos, Sir Charles Lyell, o grande geólogo. Lyell, caso visse mérito na estonteante teoria dele, tinha o poder de apresentá-la ao mundo de uma forma heroica.

O problema era que Wallace não conhecia Lyell. E naquela ilhota primitiva, onde conseguiria o endereço dele? Mas ele já se correspondera algumas vezes com um cavalheiro amigo de Lyell, que era neto de Erasmus Darwin e chamava-se Charles. Dois anos antes, em 1856, Charles mencionara em uma carta que Lyell elogiara um dos artigos recentes de Wallace (provavelmente o "Sobre a lei que regula a introdução de novas espécies", também conhecido como o artigo da "Lei Sarawak", 1855).[16] No começo de março de 1858, o manuscrito e uma carta de Wallace já estavam no oceano, a mais de dez mil quilômetros da Inglaterra, endereçados a Charles Darwin. A carta era extremamente polida. Quase encolhida de medo. Wallace pedia a Darwin que fizesse o favor de ler seu manuscrito e que o encaminhasse a Lyell, caso o achasse merecedor.

E foi assim que Wallace colocou sua descoberta das descobertas – a origem das espécies por seleção natural – nas mãos de um grupo de distintos Cavalheiros Britânicos. O ano de 1858 foi o auge da maré alta do domínio do Império Britânico sobre palmeiras e pinhais. A Grã-Bretanha era a mais forte das potências militares e econômicas da Terra. A poderosa Marinha Real já conquistara e subjugara colônias em todos os continentes, com exceção do congelado polo Sul, que era à prova de seres humanos. A Grã-Bretanha parira a Revolução Industrial e continuava dominando-a em 1858, quase um século mais tarde. Controlava vinte por cento de todo o comércio internacional e *quarenta* por cento de todo o comércio industrial. Liderava o mundo em progresso científico, desde invenções mecânicas até avanços em medicina, matemática e ciência teórica.

Para dar um rosto a tudo isso, o país tinha à sua disposição o aristocrata mais altamente sofisticado do Ocidente... o Cavalheiro Britânico. Ele podia ou não ter um título de nobreza. Podia ser um Sir Charles Lyell ou um Sr. Charles Darwin. Não importava. Outros aristocratas europeus, até alguns franceses, erguiam os braços diante do rosto para proteger seus olhos na presença do Cavalheiro Britânico. O brilho e o refinamento dos babados costumeiros (modos, trajes, postura, sotaque torturado, humor, e a arma lacerante do humor, ironia) eram o de menos. O importante era a riqueza, de preferência herdada.

O Cavalheiro Britânico, outrora conhecido como um membro da classe dos proprietários rurais, geralmente vivia de uma fortuna herdada, em uma propriedade rural com quatrocentos hectares ou mais, que ele alugava para fazendeiros de classe inferior.[17] Estudava em Oxford (Lyell) ou Cambridge (Darwin), e talvez se tornasse oficial militar, clérigo, advogado, médico, primeiro-ministro, poeta, pintor ou naturalista... mas não *tinha* de fazer coisa alguma. Não tinha de trabalhar um só dia na vida. A ascensão de Sir Charles Lyell ao status de Cavalheiro Britânico começou no dia em que seu avô, também chamado Charles Lyell, converteu uma carreira naval em dinheiro suficiente para comprar uma propriedade com infindáveis hectares e uma mansão palaciana na Escócia, aposentando-se em grande estilo como um tipo metido a lorde, já livre da necessidade de trabalhar. Sua antiga carreira naval, outrora tão necessária, ainda lançava certa sombra sobre ele, mas seu filho (mais um) Charles já nasceu livre dessa maldição, e mais tarde seu neto veio a se tornar Sir Charles Lyell (o terceiro Charles, sem interrupção),[18] devido a suas realizações no campo da geologia.* A linhagem dos Darwin recuava muito além disso, uns duzentos anos antes, em meados do século XVII, até Oliver Cromwell e seu advogado, um certo Erasmus Earle.[19] Erasmus transformou essa sua posição em uma pequena fortuna e enormes propriedades; assim, nunca mais um cavalheiro de uma das cerca de oito gerações dos Earle-Darwin seguintes teve de trabalhar.

Robert Darwin, o pai de Charles Darwin, era médico, tal como *seu* pai, Erasmus Darwin. Sua paixão real, porém, era investir, emprestar, agenciar, apostar e negociar de outras formas nos mercados financeiros da Revolução Industrial. Ele ganhou uma verdadeira fortuna... que depois multiplicou ao se casar com uma filha de Josiah Wedgwood, um dos primeiros gigantes da indústria. Wedgwood era um oleiro, um artesão que criara fábricas que produziam louças mais finas do que qualquer oleiro comum já sonhara fazer. A arena de Robert Darwin era formada por Londres e seu distrito financeiro, chamado City. Como a maioria dos grandes Revolucionários Industriais britânicos, porém, ele preferia viver em uma propriedade grande, e na maior parte irrelevante, no interior (a sua ficava em Shropshire e se chamava The Mount) para mostrar que era tão grandioso quanto os proprietários rurais de outrora.[20] Pagava para seu

---

* Sir Charles Lyell foi feito cavaleiro em 1848 e tornado baronete em 1864. Ele recebeu a Medalha Copley por sua obra científica em 1858. Foi sepultado na abadia de Westminster.

filho Charles estudar medicina na Universidade de Edimburgo (o rapaz abandonou o curso), depois mandou-o para o Christ's College em Cambridge para virar clérigo (o rapaz abandonou o curso), então aceitou vê-lo se rebaixar em Cambridge, mal completando o bacharelado em artes (sem distinção alguma, ou a menor ideia do que fazer da vida), e por fim pagou relutantemente para que o rapaz passasse cinco anos fazendo uma viagem exploratória, ou turística, ou algo assim, a bordo de um navio com nome de cachorro, o *Beagle*, a fim de se preparar para uma carreira no ramo de absolutamente nada, pelo que o Dr. Darwin podia perceber. Em 1839, depois que Charles parou com aquela bobagem, o Dr. Darwin, ele próprio já casado com uma parente de Wedgwood, empurrou o filho, então com 29 anos, para se casar com sua prima-irmã solteirona, uma mulher perfeitamente amável, ainda que sem graça, chamada Emma Wedgwood, de trinta anos. Em 1842, comprou para os dois uma propriedade rural, Down House, a sudeste de Londres, e transferiu para Charles dinheiro suficiente para que ele pudesse viver bem eternamente. Viver bem incluía ter oito ou nove serviçais – um mordomo, uma cozinheira, um criado ou dois, uma camareira, uma arrumadeira e, ao menos, uma babá e uma governanta – desde o primeiro dia.*

Onde isso, a vida de um Cavalheiro Britânico sustentado pelo papai eternamente, deixava alguém como Alfred Russel

---

* Emma Darwin relatou em seu diário que contratou serviçais quando se mudou para Down House. Também documentou ali muitos detalhes sobre a saúde de Charles e sua vida familiar. Seus diários completos estão disponíveis digitalmente no site Darwin Online (Darwin-online.org.uk).

Wallace? Seu pai, um advogado, tivera uma carreira jurídica e empresarial – e uma família e meia, ou seja, uma esposa e nove filhos (Alfred era o oitavo), mas terminara ludibriado e falido, totalmente nocauteado. A família Wallace era o próprio retrato do que hoje em dia é conhecido como uma família com mobilidade social descendente. Não havia dinheiro suficiente para a educação de Alfred, além do ensino fundamental. Anos mais tarde, a fim de financiar suas explorações na Amazônia e na Malásia, Wallace precisou embarcar cargas estupendas de cobras, mamíferos, conchas, aves, besouros, borboletas (montes de borboletas exuberantes), mariposas, mosquitos e maruins (todos mortos) para um agente na Inglaterra... que vendia tudo aquilo para cientistas, naturalistas amadores, colecionadores, amantes de borboletas ou qualquer outra pessoa intrigada por sobras exóticas saídas das entranhas da terra. Uma única carga podia conter milhares de itens. O tipo de pobre mortal disposto ou forçado pelo Destino a se enfiar até os tornozelos na lama, sob um calor de fritar o cérebro, em meio a nuvens de mosquitos, com febris expedições noturnas... até terrenos onde deslizavam cobras venenosas... para colher centenas de curiosidades por vez...[21] era chamado de papa-moscas. Cavalheiros como Lyell e Darwin não pensavam nos papa-moscas como colegas naturalistas, e sim como simples fornecedores, no nível de fazendeiros ou artesãos.

E Alfred Wallace era isso... um papa-moscas. A simples ideia de *ter de ganhar a vida*, por si só, que dirá como um mercador de insetos malaio, já bastava para provocar coceiras e comichões em qualquer cavalheiro... e na metade do século XIX, os Cavalheiros governavam todas as principais áreas da vida britânica: a política, a religião, os militares, as artes e as ciências. Wallace tinha plena consciência de que estava prestes a entrar em contato com um estrato social muito acima do seu. Mas ele não estava escrevendo para Lyell, por intermédio de Darwin, em busca de aceitação social. Só procurava um reconhecimento profissional por parte de alguns eminentes colegas naturalistas.

Quanta ingenuidade de sua parte! O Cavalheiro Britânico não era apenas rico, poderoso e refinado. Ele também era muito ágil... esperto... esperto... esperto e mais esperto ainda. Dizia-se que um Cavalheiro Britânico conseguia roubar toda a sua roupa de baixo, sua cueca, sunga ou calcinha, e deixar você olhando diretamente para ele, perguntando se também não achava que de repente esfriara bastante.

Quando recebeu o manuscrito e a carta em junho de 1858, o Sr. Charles Darwin pirou (perdoem-me o anacronismo do verbo). Ele encaminhou o trabalho a seu bom amigo Lyell, é claro... junto com uns ganidos pedindo socorro. Em vinte páginas, aquele tal de Wallace antecipara a obra da sua vida... *o trabalho de uma vida inteira!* "Antecipar" era a palavra de 1858 para "dar um furo".

Entre os naturalistas, Darwin já conquistara uma reputação sólida com uma série de monografias sobre recifes de coral, ilhas vulcânicas, fósseis, cracas, hábitos de mamíferos. Ele também escrevera um livro atraente e altamente elogiado, *Diário de pesquisas*, acerca dos cinco anos (1831-36) de sua jornada a bordo do navio *Beagle*, uma das muitas explorações mundiais patrocinadas pelo governo da Inglaterra no século XIX. Fora eleito não só para a Sociedade Geológica, mas também para o corpo científico mais prestigioso do país, a Real Sociedade de Londres, a qual tinha apenas oitocentos membros, e que simplesmente eram os oitocentos principais cientistas do mundo. Ótimo; tudo isto, porém, nada significava para ele, à luz da Teoria da Evolução, um *segredo* muito bem guardado e que era a obra da sua vida.

Darwin começara a pensar na evolução – "transmutação" era o termo usado na época –, quando ainda estava no *Beagle*. Em 1837, um ano depois do fim da expedição, ele já estava convencido de que toda a vida vegetal e animal na Terra era resultado da transmutação, isto é, da evolução de todas as diversas espécies ao longo de milhões de anos. E não só plantas e animais... os exploradores do *Beagle* passavam longos intervalos em terra firme, e Darwin vivia esbarrando com nativos tão primitivos que, para um Cavalheiro Britânico como ele, pareciam mais próximos de macacos do que de humanos... principalmente os fueguinos, nativos da Terra do Fogo, uma região argentina e chilena que fica tão ao sul que sua ponta já pertence à Antártida. Os fueguinos eram morenos, enrugados pelo sol e peludos. O cabelo era tão desgrenhado quanto o de um... um... bom, o de um macaco cabeludo e uivante. Suas pernas peludas eram curtas demais, com braços peludos também compridos demais para seus troncos peludos. Aos olhos de Darwin, a única coisa que distinguia os fueguinos dos macacos antropomorfos era o poder da fala, se é que se podia chamar aquilo de poder. O vocabulário fueguino era tão pequeno, e sua gramática soterrada sob grunhidos era tão simples e simplória, que a tal distinção era muito débil, na opinião de Darwin.²² Ele ainda não tinha noção de que a fala, fosse grunhida por brutos no meio do nada ou entoada por janotas em Londres, era de longe, muito longe, o maior poder possuído por qualquer criatura na Terra.

Depois que Darwin viu estes e outros macacos peludos abaixo da linha do equador, sua cabeça foi invadida por uma ideia blasfema, mortalmente pecaminosa e absolutamente excitante, que flertava com a fama e rebrilhava de glória. E se pessoas como os fueguinos não fossem realmente *pessoas*, mas parte de um estágio intermediário na transmutação, a evolução, do macaco para o... *Homo sapiens*? A noção de que Deus criara o homem à sua imagem era uma pedra fundamental da crença cristã. Em 1809, quando Lamarck ousara sugerir (em *Philosophie Zoologique*) que os macacos haviam evoluído até virarem homens, muita gente presumira que somente seu lendário heroísmo durante a Guerra dos Sete Anos o salvara de sofrer muito nas mãos da Igreja e seus poderosos aliados. (Rajadas de artilharia haviam matado mais da metade dos soldados e oficiais de uma companhia francesa de infantaria. Lamarck, um soldado baixinho e magricela, com apenas 17 anos, avançara e assumira o comando devido à força de sua personalidade, mantendo a posição da companhia até a chegada de reforços...)

Darwin ficou petrificado diante da perspectiva de condenação, mas também incendiado de ambição. Sete anos mais tarde, em 1844, o autor de *Vestígios da história natural da criação* sentiu a mesma coisa; por isso, ele se escondeu no anonimato e jamais se expôs. Nem mesmo a perspectiva de fama bastou para superar o medo. Seu nome só foi revelado em 1884, quando a décima segunda edição de *Vestígios* foi publicada, comemorando o quadragésimo aniversário do livro... treze anos após a morte do autor. Então, finalmente a folha de rosto trouxe um nome: Robert Chambers. Apesar de todo o esnobismo, os naturalistas Cavalheiros provaram que tinham razão. Chambers não era um Cavalheiro, mas um jornalista, que junto com seu irmão, William, fundara o *Chambers's Edinburgh Journal* e a *Chambers's Encyclopaedia*... além de ser um naturalista amador, com uma única tese.

Darwin se revelou tão medroso quanto Chambers, mas também fora detido por algo mais. Como um naturalista dedicado, ele tinha um problema até maior: uma enorme falha nas evidências no que dizia respeito à linguagem, que afastava bastante os seres humanos de quaisquer antepassados animais. Aquilo o roía por dentro. Ele conseguia explicar o polegar opositor do homem, sua postura ereta e o crânio enorme, mas não era capaz de encontrar um só fiapo de evidência sólida que provasse que a fala humana evoluíra a partir de animais. A fala parecia ter simplesmente brotado na boca dos seres humanos, vinda de lugar nenhum. Darwin pensou e pensou. E pensou...

Esperem um instante. O que *era* a fala? Comunicação vocal, certo? Bom, os animais também tinham suas formas de comunicação vocal, e algumas eram bastante complexas. Os macacos vervet tinham gritos diferentes para avisar o bando da presença dos predadores mais perigosos. Tinham um grito para leopardos, outro para águias, outro para babuínos e outro para serpentes, além de variantes do grito para serpentes, a fim de indicar uma mamba ou uma naja. Usavam certas entonações para indicar que os relatos de um colega macaco vervet específico não eram totalmente confiáveis. Em suma: tinham uma semântica símia. Se isso não era o equivalente da fala, era o quê? Está bem, não havia evidências diretas a serem apontadas... mas aquilo era *auto*evidente, não era? A fala animal, como a dos macacos vervet, evoluíra até virar a fala humana... de alguma forma... e se não havia evidências claras disso... bom, significava apenas que ninguém procurara com afinco suficiente, porque essas evidências *tinham* de estar em algum lugar.

Mas por que *tinham de estar*? Porque naquele momento de 1837, já Darwin caíra, sem perceber, na armadilha do cosmogonismo: a compulsão de encontrar a inalcançável Teoria de Tudo, uma ideia ou narrativa que revela que tudo na Terra é parte de um padrão único e subitamente claro. O primeiro sábio a estabelecer tal meta parece ter vivido no século III a.C., embora a expressão em si, Teoria de Tudo, só tenha surgido há meio século, lançada por um autor de ficção científica, Stanislaw Lem, para fins de gozação. Ao fim do último século, a coisa começara a aparecer em revistas científicas, já com um rosto sério. Para Darwin, um século antes, aquilo fora um negócio sério, pouco importando seu nome na época. Provar que a fala humana evoluíra a partir de sons emitidos por animais inferiores virou a obsessão de Darwin. Afinal, a sua teoria *era* uma Teoria de Tudo. Por mais acrobacias verbais e saltos de lógica que viessem a ser exigidos, a fala, ou linguagem, *tinha* de se encaixar na impecável cosmogonia de Darwin. *Falem*, animais.

Literalmente, "cosmogonia" significa "nascimento do mundo". Em sua forma pura, uma cosmogonia é um relato, tal como o do Livro do Gênese na Bíblia, da criação do universo e de todas as formas de vida, culminando no homem. No princípio, nada material existe, somente um espírito e uma força com o nome de Deus, que cria o mundo material em seis dias e descansa no sétimo. Ele cria o homem à Sua própria imagem, e depois o coloca no comando. Muito poucas cosmogonias apresentam uma divindade todo-poderosa assim ou uma grande força invisível como criadoras. Muito pelo contrário.

A vasta maioria das cosmogonias envolve um animal, e o animal nunca é notável por seu tamanho, seu poder físico ou sua ferocidade. Nada disso. A tendência não é em direção a maior e maior, mas sim a menor e menor. Uma versão da cosmogonia dos apaches americanos abre com um grande vazio. No meio desse vazio, chega um disco. Aninhado dentro do disco há um velhinho com longa barba branca. Ele põe a cabeça para fora e descobre que está totalmente sozinho. Então cria outro homenzinho, muito parecido com ele próprio. (Pede-se a gentileza de evitar perguntas técnicas mundanas.) De alguma forma, lá no meio do vazio, os dois começam a brincar com uma bola de terra. Do nada, surge um escorpião, que começa a repuxar a bola. E vai puxando para fora da bola faixas inteiras de terra. Faixas cada vez longas, estendidas cada vez *mais longe mais longe mais longe*, até ele criar a Terra, o Sol, a Lua e todas as estrelas.[23] Esta é, claro, a versão original da teoria, atualmente aceita em tom solene (isto é, "científico"), do Big Bang, teoria esta que nos conta, com a maior seriedade, como algo, isto é, o mundo inteiro, foi criado a partir do nada. O que ela não tem, como tem virtualmente todas as outras releituras de uma cosmogonia antiga, é o elenco de personagens coloridos da história original. A teoria do Big Bang precisa desesperadamente de alguém como o escorpião ou o velhinho de longa barba branca aninhado dentro de um disco. Ou, então, de alguém feito Michabo, a Grande Lebre. Michabo é o Criador na cosmogonia dos índios algonquinos. No princípio, acreditavam os algonquinos, a superfície da Terra vivia inteiramente coberta de água. Não havia terra à vista. Um dia Michabo, a Grande Lebre, zarpou em um barco tripulado por outros animais. Michabo mandou três deles mergulharem até o fundo do oceano e trazerem um pouco de terra. Eles conseguiram encontrar um único grão de areia... e a partir daquilo a Grande Lebre criou uma ilha imensa, que aparentemente era a América do Norte. E então transmuta os corpos de animais mortos em homens, a saber, os algonquinos.*

Comparada aos animais que estrelam outras cosmogonias como criadores, no entanto, uma lebre já adulta é uma criatura enorme. Muitas são meros pássaros. Os tlingits, nativos do noroeste americano, acreditavam que tinham origem em Yehlh, o Corvo. Yehlh cria o mundo e o povoa com o homem... mas não há *luz!*. Tudo é escuro feito breu. Você não consegue ver sua mão à frente do rosto. O problema é que Yehlh tem uma relação Bem x Mal, Deus x Diabo, com um tio de penas escuras que roubou o sol, a lua e as estrelas. Então Yehlh se transforma em uma folha de cicuta, que por sua vez gera um garoto. É só um garoto, ao que parece, e o tal tio nem se preocupa. O garoto descobre o sol,

---

* Michabo é uma figura proeminente no folclore algonquino. O museu Powhatan, em Washington, D.C., fornece muitas informações sobre seu papel e sua mitologia.

a lua e as estrelas escondidos em uma caixa. Foge com tudo aquilo, vira novamente Yehlh, o Corvo, voa até os céus e ilumina o mundo.[24] A cosmogonia dos cherokees se assemelha à dos algonquinos, mas é estrelada por um animal que faz um corvo parecer gigantesco, a saber, um besouro-d'água. É o Besouro que mergulha no fundo do mar primitivo e ressurge carregando a lama mais funda, que usará para criar a Terra.[25] Outra cosmogonia de "mergulhador da Terra", a dos índios assiniboines, é estrelada por um inseto menor do que o Besouro, a saber: Inktomi, a Aranha. Inktomi também mergulha, criando a Terra, e depois a povoa com seres humanos... além de cavalos para eles cavalgarem.[26] Em uma cosmogonia egípcia, um besouro-do-esterco chamado Khepri assume a *persona* de Rá, deus-sol matinal. Ele ressuscita toda manhã, erguendo-se do mundo subterrâneo. Bem que podia *usar* uma nova *persona*. Os besouros-do-esterco vivem fazendo bolas com as fezes de outros animais, comendo-as ou escondendo-as no solo para comer mais tarde. Os egípcios deram ao besouro-do-esterco um nome que não chegava a ser exatamente música aos ouvidos, mas pelo menos era possível dizê-lo em boa companhia, a saber, escaravelho.[27] Entre os povos da etnia khoisan, na África, o maior criador cosmogônico é Cagn, um louva-a-deus, inseto que parece decididamente anoréxico ao lado de um gordo besouro-do-esterco. Cagn criou não apenas todos os animais e todas as pessoas, mas também a linguagem... e a Lua. A Lua foi um adendo. Certa noite, alguns caçadores mataram um animal criado por Cagn. Então ele arrancou sua bexiga, lançou-a ao céu e acendeu-a... para dar aos animais e às pessoas a chance de verem o que se aproxima à noite.[28]

O criador dos navajos foi um inseto que parece idêntico ao que hoje em dia é conhecido coloquialmente como o maruim. Eles são tão pequenos que mal conseguimos vê-los. Mas é impossível não senti-los quando picam nossos tornozelos. Para fins práticos, eles são invisíveis. O maruim criador dos navajos, porém, era menor do que menor e mais invisível do que invisível, porque veio ao mundo sem suas asas. Ainda assim, é o criador do que possivelmente é a cosmogonia mais sofisticada que já recebeu algum crédito: um histórico completo dessa evolução gradual, desde o quase nada até o homem moderno. No princípio, os maruins viviam no Primeiro Mundo, bem abaixo abaixo abaixo da superfície terrestre. Quando a evolução começou, eles recuperaram as asas perdidas, e uma espécie foi evoluindo até virar um inseto completo, um gafanhoto, que liderou a subida das colmeias ao Segundo Mundo, onde elas foram evoluindo e virando animais de todas as espécies. Então o Gafanhoto liderou a subida de toda aquela fauna florescente até o Terceiro Mundo, onde as espécies mais avançadas evoluíram e viraram homens. Depois o Gafanhoto liderou a subida de todos os homens e animais até o Quarto Mundo, que ficava logo abaixo da crosta terrestre. Em uma demonstração de energia e dedicação digna de Inktomi, as aranhas da fauna teceram cordas com suas teias, para que todos pudessem escalar até a superfície da Terra.*

Certa cosmogonia posterior parece uma cópia escarrada dessa dos navajos: escarrada e infelizmente mais entediante, exceto

---

* Os sites do Utah Department of Heritage & Arts e o Navajo Nation contêm narrativas muito similares a esta versão.

por uma coisa. O criador, nesta cosmogonia, é uma criatura até menor, até menos visível a olho nu, do que um maruim, a saber, uma única célula indiferenciada, ou "quatro ou cinco" delas. "Indiferenciada" significa que a célula pode evoluir até virar qualquer coisa viva, vegetal ou animal. Esta tal cosmogonia é a única recente o bastante para que as pessoas saibam o nome do narrador principal: Charles Darwin. "Quatro ou cinco" foi o que disse Darwin em uma conversa com um grupo de estudantes pouco depois que ele contou a história publicamente. Os estudantes tinham aquele tipo de curiosidade ingênua, livre e sem freios, que a maioria dos jovens infelizmente reprime cedo demais na vida. Eles queriam saber alguns detalhes pequenos, mas fundamentais, sobre o momento em que a Evolução se pusera em marcha e de que maneira exata, em termos físicos, tudo começara... e a partir de quê?

Ao que parece, Darwin jamais pensara na coisa exatamente dessa forma. Longa pausa... e finalmente: "Ahhh", disse ele, "provavelmente a partir de quatro ou cinco células flutuando em uma poça de água quente em algum lugar."* Um dos estudantes insistiu, querendo saber de onde vinham as células. Quem ou o que as colocara na poça? Já exasperado, Darwin realmente disse: "Bom, *eu* não sei... olhem, já não basta que eu tenha trazido a vocês o homem, todos os animais e todas as plantas no mundo?"

No que diz respeito a isto, o darwinismo era típico das cosmogonias mais primitivas, que evitavam a questão de como o mundo

---

* Darwin usou linguagem semelhante em uma carta a J. D. Hooker, datada de 1º de fevereiro de 1871, e também em *A origem das espécies*.

se desenvolvera *ex nihilo*. Darwin frequentemente pensava a respeito, mas o assunto lhe dava dor de cabeça. O mundo estava simplesmente... *aqui*. Todas as cosmogonias, seja a dos apaches ou a de Charles Darwin, encaravam o mesmo problema. Eram históricas, ou, melhor dizendo, histórias de coisas que haviam ocorrido em um passado primordial, muito antes de existir alguém capaz de registrá-las. O escorpião dos apaches e as células de Darwin na tal poça de água quente em algum lugar eram, por definição, estimativas calculadas. Darwin, um homem de Cambridge, afinal, era altamente instruído pelos padrões da sua época, como sem dúvida também era o pajé apache que inventou o tal velhinho de longa barba dentro do disco. A diferença, no caso de Darwin, é que ele montou sua história em uma época crescentemente racional. Não lhe teria ocorrido apresentar sua cosmogonia como qualquer outra coisa que não uma hipótese científica. Na cosmogonia dos navajos, o agente da mudança (distinto do criador) estava vivo. Era o Gafanhoto. Na cosmogonia de Darwin, tal agente precisava ser cientificamente inanimado. O Gafanhoto foi renomeado como Evolução.

Existiam cinco testes padronizados para uma hipótese científica. Alguém já observara o fenômeno (neste caso, a Evolução) no momento de sua ocorrência e registrara o fato? Tal fenômeno poderia ser duplicado por outros cientistas? Algum desses cientistas poderia apresentar um conjunto de fatos que, caso fossem verdadeiros, contradiriam a teoria (o teste de "falseabilidade" de Karl Popper). Os cientistas conseguiriam fazer previsões baseadas no fenômeno? A teoria iluminava áreas da ciência até então desconhecidas ou intrigantes? No caso da Evolução... bom... não... não... não... não... e não.

Em outras palavras, não *havia* maneira científica de testar aquilo. Como todas as outras cosmogonias, aquela era uma história séria e sincera, que tencionava satisfazer a incessante curiosidade do homem sobre o lugar de onde viera e como chegara a ficar tão diferente dos animais ao seu redor. No entanto, continuava a ser uma história. Não era evidência. Em suma: era pura literatura, ainda que sincera.

Certamente não foram a experimentação científica ou a observação que por fim convenceram Darwin de que o homem não tinha lugar especial no universo. Foi uma visita ao zoológico de Londres, na primavera de 1838, dois anos após a viagem no *Beagle*. Uma das atrações mais populares do zoológico era uma fêmea de orangotango chamada Jenny, que já se acostumara tanto a ficar perto de gente que suas reações haviam assumido uma natureza absolutamente humana. Às vezes ela usava roupas. Seus gestos, suas expressões faciais, os sons que fazia, seu jeito de expressar frustração, deboche, raiva, alegria sem malícia, ou *Eu-amo-você*, *Socorro! Socorro!*, *Eu-quero Eu-quero*... esta última com um gemido que fazia a pessoa ver o esforço que ela estava fazendo para colocar tudo em palavras... a coisa era clara feito o dia! Agora Darwin tinha certeza! Jenny era um ser humano por trás do mais frágil dos véus. Ele usou seu poder como Cavalheiro e proeminente naturalista para entrar na jaula de Jenny e estudar suas expressões bem de perto.[29]

Certeza ele tinha... mas e daí? Aquilo o deixava tão embasbacado quanto todos os demais que também tinham certeza, incluindo seu avô Erasmus Darwin, que não conseguira entender exatamente *como* a transmutação* (ou Evolução) ocorria, e seu neto também não.

Em outubro de 1838, Charles pegou um exemplar de *Ensaio sobre o princípio da população*, de Thomas Malthus... "só por diversão", como ele próprio declarou, aparentemente presumindo que nenhum pensador importante poderia achar profundo um livro tão antigo e popular quanto aquele.[30] Ele começou a ler e...

Eureca! A velha mágica malthusiana já me enfeitiçou! A coisa ilumina o cérebro de Darwin precisamente como faria com o de Wallace vinte anos mais tarde – *Isso!* –, a solução ao que os naturalistas, inclusive o próprio Darwin até aquele momento, chamavam de "mistério dos mistérios": como a menor das criaturas (ou "quatro ou cinco" delas), menor até do que o minúsculo maruim invisível (a saber, uma célula; deixemos de lado aqueles grandalhões feito lebres, escorpiões e besouros-do-esterco), uma *célula*, ou uma família de células, crescia e virava a criatura mais altamente desenvolvida de todas, uma que tinha um nome latino certificado: *Homo sapiens*.

No entanto, o que acontece a alguém como Darwin, um homem cheio de honrarias, altamente estimado, com as maiores credenciais de sua área... quando ele anuncia que o homem não foi feito à imagem de Deus e, na realidade, não passa de um animal? Ele já conseguia ver, *sentir*, a Igreja e milhares, dezenas de milhares, de crentes caindo sobre... *mim*... com a Ira de Deus. Tinha consci-

---

* Darwin preferia o termo "transmutação".

ência do que acontecera com o autor de *Vestígios*, plena consciência. Aquilo o apavorava.

E então, nas duas décadas entre 1838 (quando ele ainda tinha 29 anos) e 1858, Darwin não falou com uma só alma, além de Lyell, sobre seu momento *Eureca!*, e só contou a Lyell em 1856. Antes disso, por vinte anos, sua carreira foi dedicada... secretamente... à compilação de evidências para sustentar o que, um dia, calculava ele, abalaria o mundo: sua revelação da *verdadeira* origem do homem (e, de cambulhada, de todos os animais e todas as plantas): sua Teoria da Evolução por seleção natural. Ele estava trazendo à luz, para a humanidade inteira se maravilhar... a *verdadeira* história da criação! O homem não fora criado à imagem de Deus, como ensinava a Igreja. O homem era um animal, descendente direto de outros animais, mais notadamente os orangotangos.

Darwin temia não uma, mas duas coisas: primeira, a Ira dos Justos, e segunda, algum concorrente empreendedor que ouvisse falar de sua ideia e se antecipasse, escrevendo tudo de próprio punho. Dito e feito: eis que do nada surge Wallace, este pequeno papa-moscas, com um artigo científico, pronto para ser publicado, sobre a *evolução das espécies por seleção natural!*. Darwin vasculhou o próprio cérebro, tentando recordar se escrevera algo em alguma carta que pudesse ter alertado Wallace. Mas não conseguia se lembrar de coisa alguma.

Ah, Lyell o avisara*... Lyell o avisara... e agora todo o meu trabalho, todos os meus sonhos – *todos os meus sonhos...*

---

* Lyell encorajara Darwin a publicar suas ideias sobre a evolução antes que alguém fizesse isto primeiro. Isso fica claro em uma carta que Darwin escreveu a Lyell em 18 de junho de 1858, depois de receber o manuscrito de Wallace.

Então ele se refreou. Não podia ceder àquele sentimento horrível que já inundava seu plexo solar. Havia algo mais importante do que prioridade, glória, aplauso, admiração universal e um lugar imponente na história... a saber, sua honra como Cavalheiro e erudito. Ele convocou todos os tensores de sua alma e fez o que precisava fazer, e o fez como um homem. Despachou para Lyell o manuscrito de Wallace, junto com uma carta em que dizia: "Isto me parece muito merecedor de ser lido... por favor me devolva o manuscrito, pois ele não diz que deseja que eu o publique; é claro, porém, que lhe escreverei imediatamente, oferecendo-me para enviar o artigo a qualquer periódico. Portanto, toda a minha originalidade, seja qual for, será destruída."*

Vinda da pena de um Cavalheiro tão composto e controlado, quase fleumático, quanto Darwin, a palavra "destruída" se erguia na página feito um uivo, que somado ao *raaaasssgggooo* dos tensores de sua alma se esgarçando e se desfazendo em pedaços amaldiçoados. O que ele uivava era: "Minha *vida inteira* está prestes a ser *destruída* e reduzida a pó, a uma mera nota de rodapé diante do triunfo de outro homem!"

---

* Da carta de 18 de junho de 1858.

CAPÍTULO II

CAVALHEIROS E VELHOS PARCEIROS

AH, CHARLIE, CHARLIE, CHARLIE..., disse Lyell, balançando a cabeça. Quem foi que te avisou dois anos atrás sobre este sujeito, o Wallace? Quem foi que falou que seria melhor você pôr mãos à obra e publicar essa sua teoria de estimação?... Por que então eu deveria me meter nisso a essa altura do jogo?

Mas... nós *somos* Cavalheiros e velhos parceiros, afinal... e eu acho que sei um jeito de tirar você dessa enrascada. Vai haver uma reunião da Sociedade Lineana, adiada desde o mês passado, em deferência à morte de um dos nossos prezados ex-presidentes, marcada para 1º de julho, *daqui a treze dias*. Infelizmente, não temos como avisar Wallace a tempo. Mas isso não é culpa *nossa*. Não fomos *nós* que agendamos a reunião. Às vezes esse tipo de coisa simplesmente acontece. Vamos chamar nosso bom amigo Sir Joseph Dalton Hooker, o botânico, para nos ajudar nisso. Nós três fazemos parte do conselho da sociedade.* Podemos fazer o negócio todo parecer a reunião de estudiosos mais rotineira do mundo... com os artigos acadêmicos artigos acadêmicos artigos acadêmicos de sempre, os *zum-zum zum-zum hum-hum hum-hum* de sempre... O mais importante, Charlie, é estabelecer a sua prioridade. Vamos apresentar o seu trabalho *e* o do Wallace. Isso é justo, não é? Tudo meio a meio, igualdade de condições, que tal? Bom, para ser perfeitamente franco, *só tem* um pequeno problema. Você nunca publicou uma única linha do seu trabalho sobre a Evolução. Nem uma só. Pelo que o mundo científico sabe, você nunca *fez* coisa alguma. Não tem sequer um artigo para apresentar na reunião... *hummm*... Ah, já sei! Podemos ajudar você a criar um *abstract* da noite para o dia! Um *abstract*. Entendeu?

Abstract era a palavra convencionalmente usada em publicações científicas para indicar o resumo de um artigo. Em geral, aparecia logo abaixo do título. Só depois vinha o artigo em si.

Entendeu agora, Charlie? Nós só precisamos que você nos dê um *abstract* desse seu artigo acadêmico que não existe!

Darwin se mostrou horrorizado. "Eu ficaria *extremamente* satisfeito *agora* por publicar um esboço das minhas opiniões gerais em cerca de 12 páginas, algo assim", escreveu ele a Lyell. "Mas não consigo me convencer de que posso fazer isso de forma honrada... preferiria queimar todo o meu livro a deixar que ele ou

---

* Ver no banco de dados do Darwin Correspondence Project a carta enviada por Hooker e Lyell a J. J. Bennett, o secretário da Sociedade Lineana. Em 30 de junho de 1858, eles escreveram para solicitar que os artigos de Darwin e Wallace fossem apresentados na reunião do dia seguinte (www.darwinproject.ac.uk/entry-2299).

qualquer outro homem pensasse que me conduzi com mesquinhez de espírito."*

Na realidade, disse Darwin, ele até tencionava escrever a Wallace, renunciando a qualquer pretensão de prioridade, quando a carta de Lyell chegara. Portanto, como poderia escrever um ensaio de próprio punho da noite para o dia, erguer a mão e alegar que ele próprio tinha prioridade? Que coisa mais insignificante. Darwin dera para repetir esta palavra, "insignificante", nos últimos dias. Significava "mesquinho", "tacanho", "vil", "desprezível". Não era uma palavra bonita, mas sem dúvida muito melhor do que "desonesto"...

... esperem um segundo: o que é *aquilo*? Um buraco diminuto... ou ele está apenas vendo coisas?... não, há um buraco diminuto na carta de Lyell, o buraco mais diminuto que você já viu na vida... e através desse buraco brilha uma pequena centelha de luz, tão pequena que Darwin até se pergunta se aquilo pode ser real... mas *é* real! O buraco emite um fulgor dos mais débeis... um fulgor dos mais débeis, mas um fulgor *honrado*!

Darwin faz um pivô de 180 graus. Seu coração gira completamente.

Ou essa "foi minha primeira impressão", diz ele a Lyell, trocando subitamente de marcha, "e eu seguramente teria agido assim, não fosse a sua carta".[1] Sua *carta*, porém... *sua* carta... *sua carta* me mostrou o caminho. *Tudo meio a meio,* decretou você, *tudo meio a meio!* E quem sou eu para pretender passar por cima de Sir

---

* Trecho de uma carta que Darwin escreveu a Lyell em 25 de junho de 1858. Ver a carta completa no banco de dados do Darwin Correspondence Project (www.darwinproject.ac.uk/entry-2294).

Charles Lyell? Você é o maior dos naturalistas britânicos, meu velho amigo. Não há homem mais importante ou mais sábio em toda esta área. Todo mundo, inclusive Wallace, acabará se beneficiando mais se deixarmos tudo isso em suas hábeis mãos.

Sim, Sir Charles Lyell já tomara sua decisão. Os dois documentos, o de Wallace e o de Darwin, seriam tornados públicos perante a Sociedade Lineana simultaneamente. Com um só gesto, Sir Charles fizera desaparecer a questão da prioridade. Ele, Darwin, não estaria reivindicando prioridade. Ao contrário. Estava estendendo a mão magnânima a um recém-chegado. Estaria abrindo espaço no palco para que um humilde papa-moscas fosse ouvido.

O único problema restante era que Lyell e Hooker esperavam que Darwin escrevesse o próprio resumo. Ele não podia fazer isso... *não devia* fazer isso. Pediu para não fazê-lo com uma desculpa patética qualquer. Não tinha coragem para dizer-lhes que sua própria consciência precisava manter-se limpa. Sua *própria consciência* precisava acreditar que ele nada tinha a ver com aquele projeto. Não era uma ideia *sua.* Era inteiramente deles, de Lyell e Hooker. Eu, Charles Darwin, *nada tive a ver com isso!.* Acima de tudo, era preciso que nenhum homem pudesse dizer que escrevi um resumo para mim mesmo depois de ler o artigo de Wallace. Não pode haver qualquer insinuação de tamanha mesquinhez perante um corpo augusto como a Sociedade Lineana.

Portanto, recaiu sobre os ombros de Lyell e Hooker a tarefa de montar para Charles um resumo a partir do que eles pudessem recolher rapidamente... vamos ver... nós temos uma cópia de uma carta que no ano passado ele mandou a um botânico americano

em Harvard chamado Asa Gray, dando quase que um esboço do seu conceito de seleção natural... e tem também guardado na sua casa uma espécie de "rascunho" abortivo, como ele chama, para um livro sobre transmutação que vem narrando a si mesmo... há catorze ou quinze anos... e que um dia ele vai escrever.* E é claro que temos o artigo de Wallace para... *hummm*... como se pode dizer isso? ... para fornecer o "pano de fundo", o "contexto", ou talvez algo na linha de "pesquisa corroborativa" ou "monitoramento heurístico". Vamos pensar em uma expressão. Em todo caso, nossa posição é garantir que não haverá pontos importantes no artigo de Wallace que faltem no de Charles. Frances, a esposa de Hooker, é uma figurinha inteligente. Vamos fazê-la ler a carta de Wallace e depois extrair alguns trechos do "rascunho" de Charlie... enquanto estiver com a mão na massa, ela também poderá fazer algumas melhorias nas coisas... onde for necessário.**
Há mais de uma maneira de esmagar um papa-moscas.

---

* Darwin mandou a Hooker cópias da sua carta para Asa Gray, um rascunho feito em 1844 da sua teoria (que Hooker anteriormente anotara), e o artigo de Wallace. Os dois itens foram acompanhados por uma de duas cartas enviadas em 29 de junho de 1858, como resposta ao pedido de Hooker. Em ambas as cartas de 29 de junho, Darwin alude ao fato de que Hooker e Lyell estarão rascunhando um manuscrito para apresentar à Sociedade Lineana. Ver o texto completo dessas cartas no banco de dados do Darwin Correspondence Project (www.darwinproject.ac.uk/entry-2297 e www.darwinproject.ac.uk/entry-2298).
** Darwin agradece a Frances Hooker em uma carta ao marido dela, datada de 5 de julho de 1858 (disponível no banco de dados do Darwin Correspondence Project, www.darwinproject.ac.uk/entry-2303), e novamente em 13 de julho de 1858 (www.darwinproject.ac.uk/entry-2306).

Quando eles terminaram, Darwin tinha *dois* artigos em seu nome, ambos muito curtos: o primeiro, um resumo de sua carta a Asa Gray, e o segundo, o extrato de seu rascunho ainda por publicar, revisado pela Sra. Hooker. Combinados, os dois eram quase do tamanho das vinte páginas de Wallace.

Para colocar o assunto em perspectiva, só é preciso imaginar o que teria acontecido caso os papéis houvessem sido invertidos. Suponhamos que Darwin fosse o sujeito que acaba de escrever um tratado científico formal, com vinte páginas, para ser publicado, que Wallace de alguma forma pusesse as mãos nisso antes da hora, anunciasse que fizera a mesma estonteante descoberta 21 anos antes, mas simplesmente nunca chegara a colocá-la no papel, e reivindicasse prioridade... haveria uma gargalhada geral? Não, ele não teria conseguido algo tão caloroso assim. Talvez um único lábio superior semiencrespado, caso alguém se dignasse a notar o fato.

Na reunião da Sociedade Lineana, em 1º de julho, nenhuma das partes estava presente... nem Wallace, porque os Cavalheiros haviam prazerosamente deixado o papa-moscas no escuro lá na Ásia equatorial, a onze mil quilômetros de distância... e nem Darwin, porque seu filho, o menino Charles Waring Darwin, décimo rebento seu com Emma após quase vinte anos de casamento, morrera de febre escarlate em 28 de junho.[*] Ele jamais poderia aparecer em público três dias depois, em 1º de julho, promovendo sua carreira embaixo de um estandarte que dissesse SERES HUMANOS NÃO PASSAM DE ANIMAIS.

---

[*] Da carta de 5 de julho de 1858.

Nas reuniões da Sociedade Lineana, artigos sobre o mesmo assunto eram lidos em ordem alfabética, pelo nome do autor, e (quem diria, não?) *D* vem antes de *W*.² Às vezes as coisas simplesmente são assim. De modo que a sociedade ouviu dois de seus membros mais distintos, Sir Charles Lyell e Sir Joseph Dalton Hooker, pares do reino, fazerem as introduções, usadas para enfatizar que Darwin, o qual claramente tinha prioridade, era totalmente a favor de incluir Wallace na pauta da reunião.* Ambos os autores podem "com justiça pretender o mérito de ser pensadores originais nesta importante linha de investigação", começaram Lyell e Hooker, mas Darwin foi o *primeiro*... ele apenas levara 21 anos para começar a colocar seus pensamentos no papel. Então os membros da sociedade ouviram não um, mas dois artigos escritos por seu renomado colega Charles Darwin, membro da Real Sociedade de Londres, famoso por seus muitos anos de explorações mundiais... e depois um escrito por um acanhado papa-moscas chamado Wallace. Não foi difícil criar a impressão de que o distinto Sr. Charles Darwin, de coração tão generoso, estava afagando a cabeça daquele jovem obscuro, porém promissor, que andava coletando moscas nas entranhas tropicais da Ásia.

Essa impressão jamais mudou. Wallace era um estranho ali, não um Cavalheiro, e não do tipo da Sociedade Lineana. Um

---

* À guisa de introdução aos artigos, houve a leitura da carta escrita por Lyell e Hooker ao secretário da Sociedade Lineana em 30 de junho de 1858. Ver também Charles Darwin e Alfred R. Wallace, "Proceedings of the Meeting of the Linnean Society held on July 1st, 1858", *Journal of the Proceedings of the Linnean Society: Zoology* 3.

subsecretário leu em voz alta a introdução e depois todos os três documentos. Nenhum deles provocou quaisquer perguntas ou discussões. A maioria dos 25 ou trinta membros da sociedade presentes ali parecia entediada, se é que não sonolenta, com aquela chuvinha chuvinha de transmutação de espécies variações biogeográficas adaptações prejudiciais chuvinha chuvinha... quando, meu Deus, essa neblina vai passar? Eles haviam comparecido ali para ouvir Lyell, um cavalheiro entre Cavalheiros, fazer a prometida eulogia do recém-falecido ex-presidente da sociedade, coisa que ele fez em primeiro lugar. Quanto ao resto da pauta da reunião, eles se esforçaram ao máximo para suportar... a primeira revelação pública de uma doutrina que iria virar de pernas para o ar o estudo do homem, além de matar Deus, se Nietzsche pudesse opinar a respeito. Naquele momento, porém, os Cavalheiros da Sociedade Lineana saudaram a notícia com bocejos tão grandes que nem conseguiam cobri-los com as mãos.

No seu discurso anual sobre a sociedade, na primavera seguinte, o presidente da instituição disse: "O ano que passou... não foi, realmente, marcado por qualquer daquelas descobertas notáveis que imediatamente revolucionam, por assim dizer, o departamento da ciência com que se ocupam."[3]

Foi apenas três meses mais tarde, em outubro de 1858, que Wallace, que àquela altura estava coletando moscas na Nova Guiné, teve alguma ideia de que já ocorrera uma reunião da Sociedade Lineana envolvendo o seu trabalho. A notícia chegou em duas cartas (ambas no mesmo envelope) escritas por Hooker e

Darwin, sugerindo o quão Darwin fora generoso o tempo todo, e quão alto era o conceito que ele tinha de Wallace.* Ele lhe dera crédito igual não apenas perante a Sociedade Lineana, mas também em uma próxima edição do *Journal of the Proceedings of the Linnean Society*. O artigo de Wallace e os "resumos" de Darwin seriam publicados lado a lado naquelas páginas prestigiosas. Depois da publicação, Darwin criou coragem para mandar um exemplar a Wallace. A verdade era que a diagramação e a aparência em si do *Journal* eram tão desequilibradamente favoráveis a Darwin que ele próprio, cheio de culpa, prendeu a respiração e desviou o olhar assim que viu aquilo. O nome do distinto Charles Darwin estava colocado em primeiro lugar na página do sumário e no topo de página após página depois disso, novamente devido às imposições da ordem alfabética[4] (quem diria, não?), e o desconhecido Alfred Wallace vinha a seguir. Era mais um afago na cabeça de um jovem obscuro, que certamente trabalhara--duro-isto-era-preciso-reconhecer.

Wallace não fazia ideia de que seu artigo seria publicado. Mandara o manuscrito a Lyell para ter a opinião de um especialista antes da publicação. Afinal, ele estaria apresentando ao mundo uma descoberta radical: como a Evolução ocorria por seleção natural. Ele não tinha a menor noção de que a Sociedade Lineana, representada por três de seus membros (Darwin, Lyell e Hooker), já pusera as mãos no texto e faria o que quisesse com aquilo. Eles não haviam lhe pedido permissão e jamais lhe de-

---

* As cartas originais se perderam, mas a resposta de Wallace a Hooker (datada de 6 de outubro de 1858) fornece alguma informação sobre seus conteúdos. (Ver Darwin Correspondence Project, www.darwinproject.ac.uk/entry-2337.)

ram chance de editar ou revisar o próprio trabalho. E nunca teriam ousado fazer esse tipo de jogada com um Cavalheiro, *qualquer* cavalheiro, por mais obviamente obtuso que ele pudesse ser.

A réplica de Wallace, uma carta a Hooker, ia direto ao ponto sensível. "Fiquei muito surpreso ao descobrir que a mesma ideia já ocorrera a Darwin."[5] Depois, porém, ele desistiu. Àquela altura, Wallace nada sabia de como, exatamente, a ideia já "ocorrera" a Darwin e não teve coragem de insistir em descobrir. Percebeu que não havia como ele, isolado no lado errado da linha divisória de classes, sair vitorioso contra os Cavalheiros. Ele era um papa-moscas. Deveria se dar por satisfeito em ficar calado e salvar o que pudesse do naufrágio de seus planos, deixando que eles o cobrissem de lisonjas, içassem-no da obscuridade e pusessem-no sobre o Grande Palco. Não podia parecer mais grato. Quando Wallace recebeu as cartas de Darwin e Hooker, Darwin já vinha escrevendo havia três meses, mais depressa do que jamais escrevera na vida, a fim de se antecipar a Wallace publicando o que é a mais sólida e invulnerável pretensão à prioridade: um livro.

Três meses de vantagem... mas onde Darwin iria encontrar energia para terminar a corrida? Na época da viagem no *Beagle*, tanto tempo antes, ele tinha vinte e poucos anos e gozava da temerária saúde dos jovens. Já em outubro de 1858, cerca de 22 anos depois, tinha quase cinquenta e vivia afligido pelo que seus médicos diziam ser dispepsia. Muito provavelmente, porém, o verdadeiro diagnóstico deles era hipocondria, no sentido de uma recorrente moléstia imaginária sem probabilidade de ser mortífera, mesmo que fosse real. No caso de Darwin, a coisa consistia de vômitos súbitos e incontroláveis, acompanhados de diversas espécies de dores no estômago distendido e nas entranhas, com arrotos, ânsias, arquejos, flatos, diarreias e engulhos repugnantes de todo tipo conhecido, além dos gases pestilentos exalados por uma das pontas do seu trato digestivo e dos sons grosseiros emitidos *grrrrekkk* pela outra. Então, onde Darwin encontraria tempo? Ele já parecia passar metade do seu tempo deitado nas termas de Ilkley, em Yorkshire Dales, tomando "as águas" e "a cura", enrolado em lençóis molhados dos pés à cabeça, feito uma múmia, a fim de mitigar a coceira ardente de seus eczemas crônicos.[*]

Somente seu pavor fibrilante de que Wallace pudesse, de alguma forma, *destruir toda a* sua *vida* ao publicar um livro próprio, mais uma vez se antecipando a *mim* e ao estabelecimento da *minha* própria *prioridade*, desta vez fora do alcance das armações dos meus cupinchas Cavalheiros... somente isto mantinha Darwin fora do encharcado cemitério de Ilkley por tempo suficiente para escrever sua invulnerável pretensão à prioridade. O papa-moscas continuava na Malásia, pelo que Darwin sabia. Mas isso não o impedira de ser o real criador da Teoria da Evolução daquela primeira vez. Portanto, quem sabia o que ele andaria aprontando no momento?

Darwin deu ao seu livro um título acadêmico com 21 palavras, mas o uso padrão rapidamente o reduziria a quatro: *A*

---

[*] Os problemas de saúde de Darwin já foram tema de muita especulação. Ele discutia os sintomas e o tratamento em sua correspondência pessoal, e Emma Darwin fazia em seu diário anotações sobre a saúde e o sono dele. A biógrafa Janet Browne apresenta uma abordagem mais contemporânea em *Darwin's Origin of Species* (Nova York: Atlantic Monthly Press, 2007).

origem das espécies. No fim de setembro de 1859, ele já estava revendo os últimos detalhes da publicação, marcada para acontecer dois meses depois, ou seja, no fim de novembro... e até então não havia qualquer sinal de Wallace. Ele começou a relaxar lentamente, e também aos poucos a deixar que suas esperanças se reerguessem. Mas ainda continuava nas termas de Ilkley, enrolado nos lençóis de múmia, ainda suportando a fúria de seus eczemas e ainda tremendo... por uma razão que nada tinha a ver com Wallace. Ele não ousara levar sua teoria até a chocante conclusão que seria a notícia, ou a revelação, de que o homem não viera ao mundo à imagem de Deus, mas sim das entranhas de um orangotango ou algum outro grande macaco. O homem era um animal e nada além de um animal. Se ele levasse a coisa até esse ponto final, logo de início... Darwin estremecia ao pensar na violência da reação que viria da Igreja e das ignorantes classes médias cristãs. A ira! A fúria! Já podia até ver todas as suas honrarias, medalhas e conexões com a elite sendo derrubadas ao chão no meio das ruínas da reputação que ele, com tanta obstinação, desejara ter desde que o *Beagle* voltara daquela viagem, 22 anos antes. Por isto, em *A origem das espécies,* ele só levava a Teoria da Evolução até a porta da frente do *Homo sapiens* e nem um centímetro adiante... a menos que se contasse uma única e leve batida nessa porta com as juntas dos dedos, a duas páginas do fim do livro, em que ele oferecia uma insinuação críptica do rumo que poderia tomar em uma sequência, caso um dia chegasse a escrevê-la.

"No futuro distante vejo campo aberto para pesquisas muito mais importantes. A psicologia seguramente se baseará em um novo alicerce: o da aquisição necessária de cada faculdade mental e capacidade de gradação. Mais luz será lançada sobre a origem do homem e sua história."[6]

Tal leve insinuação críptica já foi excessiva, parceiro! Em 19 de novembro, cinco dias antes da publicação, um resenhista anônimo, da prestigiosa revista *Athenaeum*, eviscerou o livro e fritou as entranhas. Uma frase isolada na resenha se destacava para Darwin: "Se um macaco virou um homem... em que um homem não poderia virar?" *Um homem!*, dizia aquele seu agressor sem nome! Naquela época, virtualmente todas as resenhas vinham sem assinatura; a teoria era de que o anonimato dava ao resenhista a liberdade de ser franco. Mas não deveria lhe dar *carte blanche* para fazer distorções levianas! O sujeito fora direto àquele curto *obiter dictum* a duas páginas do final e fizera parecer que o livro todo era sobre os pulos, mergulhos e algaravias do homem em uma poça primordial lamacenta em algum lugar. A mensagem era: Não arrisque sua sanidade tentando ler esse livro! Deixe essa tarefa para os filósofos e teólogos, que gostam de chafurdar feito cães nessa lama.

"Se um macaco virou um homem!"... e Darwin ainda pensava que, muito espertamente, mantivera o homem escondido nos bastidores... Adeus a tal ilusão. Este filho da puta logo notara o homem espiando por trás da cortina. *Este filho da puta...* Darwin jamais recorria a um palavreado chulo, mas também ninguém já o magoara, humilhara e despedaçara suas esperanças tão completamente antes. *A primeira resenha!*

Em 21 de novembro de 1859, Hooker escreve a Darwin, dizendo que ele e Lyell acham que o asinino resenhista anônimo da

Athenaeum só pode ser um geólogo chamado Samuel Pickworth Woodward. Depois disso, um Woodward totalmente perplexo sempre sofria quando se via no mesmo aposento que Darwin, o qual o ignorava totalmente ou então se portava feito um iceberg. Um oitavo da massa dos icebergs flutua acima da superfície gélida, com quase zero grau de civilidade. Os outros sete oitavos ficam ocultos sob a água... um gigantesco pedregulho de gelo, cheio de desdém e rancor frígidos, duro feito um rochedo. Na realidade, o bandoleiro clandestino era outro naturalista, um sacerdote anglicano chamado John Leifchild.

O ataque da *Athenaeum* deixou Darwin tão sensível que ele nem conseguiu entender o que estava acontecendo, quando uma verdadeira tempestade de resenhas e comentários sobreveio durante dezembro e todo o primeiro semestre de 1860. Até resenhas levemente negativas o atingiam feito golpes físicos. As mais ferozes o cortavam até o âmago. A da *Edinburgh Review* ridicularizava não apenas a teoria de Darwin, como também seu estilo de prosa, sua ignorância científica e sua incompetência acadêmica, tudo preguiçosamente à deriva em seu cérebro raso. Só era preciso comparar Darwin, continuava a resenha, com alguém feito, digamos, o proeminente naturalista britânico Richard Owen, presidente da Associação Britânica para o Progresso da Ciência.[7] *Nesse* caso, sim, estamos falando de um pensador profundo, um verdadeiro cientista: Richard Owen, Richard Owen, Richard Owen. O nome Owen não parava de aparecer. Darwin releu a resenha repetidamente. Não conseguia acreditar no que estava vendo: como de costume, não havia assinatura... mas a retórica fastidiosa do sujeito e suas demonstrações pretensamente cosmopolitas de domínio do francês já entregavam o jogo. Era aquele seu suposto amigo de tantos anos... Richard Owen. Darwin nunca mais falou com Owen.

Àquela altura ele já estava em um estado de espírito tão cauteloso e defensivo que até as resenhas positivas lhe pareciam tépidas ou hesitantes, com uma exceção: um total louvor na própria voz das ordens superiores britânicas, o *Times* londrino. O *Times* publicava apenas uma ou duas resenhas literárias por mês. Tal como as outras, esta resenha foi publicada anonimamente. Darwin, porém, logo descobriu que fora escrita por um dos seus mais jovens seguidores, o anatomista Thomas Huxley.[8] Por pura sorte, Huxley esbarrara com o resenhista que o *Times* designara para a tarefa. O sujeito estava reclamando que não tinha a mais remota familiaridade com o assunto. Huxley teve a brilhante ideia de escrever a resenha para ele... anonimamente, é desnecessário dizer. Darwin acabou recebendo um impulso estonteante no poderoso *Times*. E Huxley se tornou o melhor mago de relações públicas que qualquer cientista já tivera.

A origem de Huxley era semelhante à de Alfred Wallace, embora suas personalidades não pudessem ser mais diferentes. O pai de Huxley era um pobre professor de matemática que não conseguiu financiar a educação do filho além do segundo ano do ensino fundamental. Mesmo assim, o menino virou um prodígio científico, um anatomista em grande parte autodidata. Aos 19 anos, ele descobriu um componente interno do fio de cabelo que biólogo algum jamais sonhara existir. Aos vinte, teve o prazer de ver sua descoberta descrita em publicações científicas como a "camada de Huxley". Essa foi a primeira de uma série de descobertas científicas que ele viria a fazer. Tinha apenas 25 anos quando foi eleito membro da Real Sociedade.

O menino prodígio era tão quente nos círculos científicos que Darwin o cortejou como um acólito, e o garoto retribuiu com brilho. No espaço de quatro meses, escreveu cinco longas e entusiásticas resenhas de *A origem das espécies* para periódicos importantes, sendo as duas mais longas convenientemente anônimas. E isso foi o de menos.* Pessoalmente, Huxley era um homem de boa aparência, mas ostentava a postura de um buldogue, o pescoço de um buldogue e aquela mandíbula proeminente de buldogue quando estava irritado, o que era frequente, porque ele adorava uma boa briga. Tinha consciência de tudo isso e até gostava de ser chamado de "buldogue de Darwin". Em junho de 1860, estrelou na Associação Britânica para o Progresso da Ciência um debate sobre a Evolução contra o mais renomado orador público da Igreja Anglicana, o bispo Samuel Wilberforce, debate esse que teve grande repercussão escrita. Depois criou o Clube X, um grupo de nove proeminentes naturalistas, inclusive Hooker, que se reunia todo mês em algum restaurante ou clube e tratava de (com bastante sucesso) nomear darwinistas para o corpo docente científico de universidades influentes. Os membros desse Clube X tiveram um papel importante na criação da revista pró-darwinista *Nature* (existente até hoje).[9] Eles atacavam quem quer que duvidasse de Darwin, assim que sua

---

* Huxley publicou uma segunda resenha anônima na *Westminster Review* (abril de 1860). Também publicou resenhas assinadas na *Macmillan's Magazine* (abril de 1860), *The Medical Circular* (7 de março de 1860) e *Proceedings of the Royal Institution of Great Britain* (10 de fevereiro de 1860).

voz ousasse se erguer. Tal modo de intimidação só se intensificou com o tempo, levando ao que ainda é conhecido hoje como a "Inquisição Neodarwinista".[10]

Huxley virou um darwinista ardoroso, mas não por acreditar na teoria da seleção natural de Darwin... ele nunca acreditou. E sim porque, obviamente, Darwin era ateu, assim como ele. Ninguém ousava assumir um termo tão carregado, é claro. Huxley dizia que não era ateu e sim agnóstico. Foi ele que inventou esse termo. Um agnóstico, dizia, era o oposto de um *gnóstico*.[11] Os gnósticos mantinham uma crença dos primórdios da cristandade, e até pré-cristã, de que as pessoas deviam separar o conhecimento do mundo material do único verdadeiro conhecimento: o espiritual. Já um *agnóstico* feito ele nem tinha certeza se existia um Deus. Este mais novo huxleyismo também entrou na língua, como já acontecera com a "camada de Huxley".

A grande campanha de relações públicas de Huxley coincidiu com dois abrangentes acontecimentos de meados do século XIX na Europa ocidental, principalmente na Grã-Bretanha, criando uma tempestade perfeita, como reza o ditado. Um foi a súbita proliferação de revistas e jornais, estimulando a competição não só por notícias cruas, mas também por matérias sobre todo tipo de tendência social ou intelectual... como a Teoria da Evolução. O segundo foi o que o sociólogo alemão Max Weber chamou de "desencanto do mundo". Por toda a Europa, pessoas instruídas e pretensamente sofisticadas haviam começado a rejeitar as doutrinas mágicas, milagrosas, supersticiosas e logicamente implausíveis da religião, como o Nascimento Virginal de Cristo, a Criação (do mundo em sete dias), a Ressurreição de

Cristo, o poder da oração, a onipotência de Deus e mil outras noções que eram irracionais por sua natureza. Três décadas antes, Coleridge concluíra que a influência do clero estava diminuindo tão depressa que ele reviveu o termo, àquela altura já obsoleto, "clerezia". Essa clerezia, disse ele, era composta pelos pensadores seculares que haviam substituído o clero no século XIX... em assuntos espirituais, bem como filosóficos.* Perto do fim do século, enquanto o caso Dreyfus incendiava Paris, o eventual presidente do país, Clemenceau, chamava tais pessoas (meneando a cabeça em direção a Anatole France e Émile Zola) de "os intelectuais", e foi esse o nome que ficou, tanto na Inglaterra quanto na França.

A Teoria da Evolução eliminava todas essas mistificações. Nas mais altas camadas da sociedade, bem como no mundo acadêmico, as pessoas começaram a se julgarem socialmente, umas às outras, segundo sua crença ou descrença na grande descoberta de Darwin. Praticamente todos os clérigos da Igreja Anglicana eram instruídos e bem relacionados socialmente; em 1859, a desmistificação do mundo já extinguira qualquer fervor fanático que eles ainda pudessem reter. A sedução puramente social da teoria e a necessidade de estar na moda em matéria de status foram demais para eles. Abraçar o darwinismo mostrava que você fazia parte de uma minoria sábia e consciente, que brilhava muito acima do rebanho que mugia lá embaixo. Havia muitos ataques clericais ao *A origem das espécies*, mas eram tão civilizados e tão cheios de

---

* Coleridge usou o termo pela primeira vez em *On the Constitution of the Church and State According to the Idea of Each* (1830).

boas maneiras em termos de retórica que os novos agnósticos não tremiam de medo diante de um deus raivoso, muito menos vingativo. A teoria e o viés ateu que a acompanhava se espalharam rapidamente pela Alemanha, Itália, Espanha e pelas autoproclamadas elites intelectuais dos Estados Unidos, muito embora a grande massa da população permanecesse mugindo e garantindo que a América continuasse sendo o país mais religioso da Terra, excetuando as nações do Islã (e isto é assim até hoje).

Somente na França é que Darwin foi desprezado como mais um homem pequeno com uma teoria grande. *A origem das espécies* levou três anos para encontrar um editor francês. A França já passara por um debate próprio sobre a Evolução (a palavra francesa era "transformismo") trinta anos antes, principalmente graças à influência de Lamarck. Só que o mais importante porta-voz francês do transformismo, Étienne Geoffroy Saint-Hilaire, cometeu o erro de enfrentar Georges Cuvier em um debate. Cuvier, zoólogo, paleontólogo, anatomista, político e aristocrata, era semelhante a Huxley em agressividade. Mas tinha mais classe, por assim dizer. O *Baron* Cuvier estava sempre muito elegante; como orador sabia passar, em um átimo, de um timbre suave, com humor lacerante, para um tom de trovão esmagador. Ele achava ridículo o conceito transformista de Evolução gradual. A verdade, bem mais simples, era que as espécies antigas viviam se extinguindo e sendo substituídas por espécies novas. Os naturalistas franceses temiam tanto a fúria brilhante de Cuvier que a Teoria da Evolução, o nome Charles Darwin e sua magnificação pelo sufixo *ismo* (o "darwinismo") raramente eram impressos na França... e raramente são até hoje.

Na Alemanha, por outro lado, *A origem das espécies* foi um sucesso imediato. Em 1874, Nietzsche já fizera a Darwin e sua teoria o maior elogio, com a mais famosa declaração da filosofia moderna: "Deus está morto." Sem mencionar o nome de Darwin, ele disse que a "doutrina de que não existe diferença fundamental entre homem e animal" desmoralizará a humanidade por todo o Ocidente; levará ao surgimento de "irmandades nacionalistas bárbaras" (só faltou dar nome a elas: nazismo, comunismo e fascismo); e resultará, no intervalo de uma geração, em "guerras maiores do que todas já travadas antes". Se considerarmos que o intervalo de uma geração é de trinta anos, isso significaria 1904. Na realidade, a Primeira Guerra Mundial eclodiu em 1914. Tal barbarismo futuro, continuou escrevendo Nietzsche, no século XXI levará a algo ainda pior do que as grandes guerras: o total eclipse de todos os valores.[12]

Nem era tanto o livro *A origem das espécies*, e sim o falatório que a obra gerava, que criava tamanha comoção. O livro nunca chegou perto de virar um campeão de vendagem. Darwin era um escritor cativante, mas os aspectos científicos envolvidos ali eram de compreensão demasiadamente difícil. A primeira tiragem teve apenas 1.250 exemplares.* Robert Chambers, ainda anônimo, reeditou *Vestígios* para aproveitar a excitação geral... e superou a vendagem de *A origem das espécies* por quatro ou cinco a um. No entanto, a teoria de Darwin aparecia com uma frequência estonteante em artigos ou cartuns de jornais e revistas

---

* Darwin mantinha em seu diário anotações detalhadas sobre datas e tiragens de *A origem das espécies*.

(os cartunistas adoravam retratar Darwin com um corpo de macaco), em debates públicos por toda a parte (Huxley *versus* Wilberforce), em rimas populares e, é claro, em sermões. Nunca uma ideia nova gerara tanta controvérsia, fofoca e perplexidade, ou tantos livros com textos pesados. Em 1863, a coleção de recortes do próprio Darwin continha 347 resenhas, 1.571 comentários e mais 336 itens que jamais foram separados por categoria.[13]

Acontece que Leifchild, o desconhecido resenhista da *Athenaeum* que queimara a largada, fora apenas o primeiro a presumir que o verdadeiro assunto de Darwin era a evolução do homem... coisa que, é claro, era mesmo. Até os mais próximos aliados de Darwin, Huxley e Lyell pararam de fingir que não era. Em fevereiro de 1863, Lyell, que por tanto tempo duvidara da Evolução, uniu sua sorte à de Darwin em um livro chamado *A antiguidade do homem*. O título original completo era *The Geological Evidences of the Antiquity of Man with Remarks on Theories of the Origin of Species by Variation*. O livro obliterava a distinção religiosa entre o homem (feito à própria imagem de Deus) e o animal. Poucas semanas depois, Huxley publicou *Evidências sobre o lugar do homem na natureza*. Era Huxley em seu melhor estilo belicoso e brigão. Ele declarava com clareza, em outras palavras, exatamente o que Nietzsche viria a dizer onze anos depois: não existe diferença fundamental entre homem e animal. O homem descendia de animais, e somente tolos ou clérigos amalucados poderiam negar isso.

Gradualmente, Darwin foi percebendo que os ataques de Leifchild na *Athenaeum* e de Owen na *Edinburgh Review* haviam sido benesses. Como diria Sigmund Freud 35 anos mais tarde, em circunstâncias similares, "Quanto mais inimigos, maior a honra". Os críticos haviam transformado Darwin em uma figura controversa e muito famosa. Havia anos, seus amigos gostavam dele como o bom-e-velho-Charlie. Mas o comportamento e a própria expressão no rosto deles mudaram. Subitamente, o bom e velho Charlie virara uma celebridade. Pouco importava de qual lado da controvérsia as pessoas estavam, pouco importava se elas o conheciam bem ou mal... na presença de Darwin, os sorrisos involuntários delas irradiavam uma certa... reverência tímida. E ah, sim, o Celebrado Velho Charlie captava isso todas as vezes. Nem mesmo aquele antigo e amistoso mentor, um homem mais idoso, que era seu protetor e superior no que dizia respeito a status intelectual e social ou reconhecimento público, a saber, Lyell... pois nem mesmo Lyell conseguia reprimir uma certa deferência. Sem uma palavra, ambos percebiam que suas posições haviam se invertido em todos os aspectos. Darwin era famoso. A vida era encantadora...

... até seu próximo choque.

Max Müller nasceu e estudou (na Universidade de Leipzig) na Alemanha, mas havia anos se tornara professor de línguas modernas em Oxford e, àquela altura, em 1861, era o mais renomado e distinto linguista na Grã-Bretanha. Nesse ano, ele deu duas palestras na Royal Institution altamente divulgadas, em que comentou a Teoria da Evolução de Darwin: "A linguagem é o nosso Rubicão, e nenhuma besta ousará cruzá-lo."[14] Durante a confusão que se seguiu, Max ainda acrescentou: "A Ciência da Linguagem ainda nos permitirá resistir às teorias radicais dos evolucionistas e traçar uma linha firme entre homem e besta."[15]

Em *A origem das espécies*, Darwin tratara apenas da evolução de animais. Seu verdadeiro sonho, porém, era ser o gênio que mostraria ao mundo que o próprio homem era apenas um animal, evoluído a partir de outros animais, e que suas poderosas capacidades mentais haviam evoluído da mesma forma. E agora, apenas dois anos depois de sua publicação, um gênio já *reconhecido*, Max Müller, estava dizendo que o homem possuía um poder supremo (a linguagem) que nenhum animal já possuíra ou possuiria. Eles poderiam muito bem ter vindo de planetas diferentes... o homem, com o poder da fala, e os animais, com nada sequer remotamente comparável.

E o maldito Max Müller simplesmente não queria parar. Ele raramente mencionava o nome de Darwin, mas o *mundo* sabia imediatamente quem era o alvo do seu deboche.* A ideia de Darwin de que a linguagem evoluíra, de alguma forma, a partir da imitação de sons animais... Müller chamava isso de teoria *au--au*. A ideia de que a fala começara com gritos instintivos, como "Ai!" para dor e "Oh!" para surpresa... Müller chamava isso de teoria *pooh-pooh*. A ideia de que as palavras "sussurro", "chuva", "craque", "pingo", "assobio" e "ronco" vinham dos sons que as coisas faziam... Müller chamava isso de teoria *dim-dom*, como as campainhas. Muitos darwinistas, como os altamente consi-

---

* Já em 1838 Darwin fizera anotações em seus cadernos e suas cartas acerca do *conundrum* da linguagem. Suas "Notas antigas e inúteis sobre o senso moral e alguns pontos metafísicos" foram transcritas e publicadas junto com um fac--símile do manuscrito original no site Darwin Online. Após a publicação de *A origem das espécies*, outros eruditos começaram a aplicar a Teoria da Evolução a todos os aspectos da existência humana.

derados Sir Richard Paget e George Romanes, não pareciam perceber que Müller, com toda aquela terminologia infantiloide, estava apenas debochando do Profeta deles. Então juntavam forças e amplificavam o riso de Müller diante de seus rostos sisudos. Logo surgiu a teoria *mama*, uma referência aos arrulhos e outras pistas não verbais que as mães usam com seus bebês, e que mais tarde vieram a ser conhecidos como "tatibitate"... a teoria *tata*, posteriormente conhecida como "teoria gestual", a ideia de que os seres humanos começaram a se comunicarem por sinais manuais e linguagem corporal, e que, de alguma forma, depois substituíram os movimentos pela voz... além da teoria *yo-he-ho*... a teoria *sing-song*... a teoria *hey, you*... a coisa não tinha fim... e também não tinha fim a diversão de Max Müller diante dos cabeças-duras darwinistas.

Logo transformado no alvo principal das piadas de Müller, o próprio Darwin, rebocando a família e a criadagem, retirou-se para uma estação de águas, desta vez em Malvern, planejando uma estada prolongada. Ele tinha 54 anos. Quando saiu, dois anos depois, era um homem velho, o mesmo velho geralmente retratado em fotografias. O topo de sua cabeça ficara calvo, seu cabelo estava grisalho, e ele cultivara uma barba de filósofo, do tipo que desde a época gloriosa de Roma era o símbolo de status dos filósofos. Darwin passou a ser eternamente exibido sentado, levemente descaído, em uma espreguiçadeira, com aquela barba de filósofo cobrindo seu peito, desde as mandíbulas até o esterno, feito um grande babador peludo e cinzento.

* * *

Enquanto isto, Wallace nada sabia sobre toda esta situação. Ele permanecera no arquipélago malaio, pegando moscas a torto e a direito. Só voltou à Inglaterra em 1862, quando foram publicadas as palestras de Max Müller. Desde o início, ele sempre se curvara para dar espaço a Darwin. Só se referia ao *assunto* como a Teoria da Evolução de Darwin. Chegava a ponto de dizer que era bom a teoria não ter sido atribuída a alguém como ele próprio, Alfred Wallace. Talvez jamais tivesse sido notada, mas não poderia ser ignorada se carregasse o *imprimatur* de um Cavalheiro feito Charles Darwin.* Isso pode até ter parecido uma forma ansiosa de se humilhar, mas na realidade ele estava absolutamente correto.

Depois que Wallace voltou, os Cavalheiros passaram a inflar, por motivos próprios, a reputação dele... principalmente Darwin, para atenuar seu sentimento de culpa. Wallace nunca se sentiu à vontade com qualquer um deles, exceto Lyell, que era o mais velho dos naturalistas e já notara o talento dele em 1855. Os demais o intimidavam, inclusive a esposa de Lyell, Mary Horner Lyell, que achava ruins, quase grosseiros, os modos de Wallace à mesa. Ela e o restante da turma da Sociedade Lineana lhe pareciam terrivelmente conscientes da divisão de classes. Eles eram os tais. Tinham o sotaque da classe superior, com aquelas vogais prolongadas. Brilhavam ao conversar de forma ironicamente inteligente, como haviam aprendido e praticado em Oxbridge. Mesmo sem tocar em qualquer aspecto das classes

---

* Wallace diz isso mesmo em uma carta a Darwin datada de 29 de maio de 1864.

sociais, até seus comentários mais brandos tonitruavam CLASSE SUPERIOR! CLASSE SUPERIOR!. Você podia ter uma conversa com aquelas pessoas, e só duas semanas depois perceber que elas haviam enfiado entre as suas costelas as mais finas agulhas de marfim, além de insultar você até o âmago.

Quando estava com elas, Wallace ficava tão calado que até parecia ter sumido... enquanto entre outros, como o excêntrico inglês James Brooke, que era o rajá (o verdadeiro rajá) de Sarawak, em Bornéu, ninguém parecia tão confiante ou apto a divertir um aposento cheio de gente do que ele. "O rajá ficou satisfeito por ter um homem tão inteligente ao seu lado", disse o secretário do rajá. "Se não conseguiu nos convencer de que aqueles nossos vizinhos tão feios, os orangotangos, são nossos ancestrais, ele nos encantou, deliciou e instruiu com sua conversa fluente, inteligente e inexaurível... uma conversa realmente boa."[16]

Darwin exibia muitos sintomas de culpa por ter surrupiado as cuecas de Wallace como fizera. Sempre que a discussão, na imprensa ou em pessoa, chegava à "Teoria da Evolução de Charles Darwin", ele fazia questão de mencionar que Alfred Wallace também fizera um trabalho importante naquela área; tão importante, na realidade, que em 1858 os artigos originais dos dois haviam sido apresentados em conjunto perante a Sociedade Lineana. Todas essas referências passavam a seguinte imagem: o grande mestre estava afagando afagando afagando a pequena cabeça cabeça cabeça do seu pequeno *protégé* novamente.

Sim, repetidamente, até o dia de sua morte, Darwin continuou emitindo sinais que alardeavam sua culpa. Há uma diferença, porém, entre culpa e arrependimento. De arrependimento, ele jamais deu o menor sinal. Fosse como fosse, a luz refletida por Wallace foi ficando cada vez mais forte. O acúmulo dos elogios de Darwin (somente Lyell e Hooker sabiam que aquilo era movido por culpa) dava a Wallace um certo peso... e sua constante deferência a Darwin como *o* descobridor da seleção natural o mantinha nas boas graças dos Cavalheiros.

De modo que Wallace virou uma celebridade iluminada por luz indireta. Àquela altura, a coisa não parecia lhe causar o menor incômodo... pois a tal luz era *adorável*. A partir daquele ponto, nada que ele escrevesse poderia ser ignorado. E Wallace escreveu muito. Ele tinha um estilo direto e maravilhosamente claro, além de energia e originalidade aparentemente infindáveis. Acabou produzindo a quantidade estonteante de 700 artigos e 22 livros... que popularizaram a teoria da seleção natural. Na realidade, escreveu até um livro intitulado *Darwinismo*, mas também se debruçou sobre antropologia, geografia, geologia, políticas públicas... e nunca mais deixou a Grã-Bretanha para ir coletar moscas. Estava a caminho de granjear renome internacional e também de receber de sociedades eruditas e da rainha Vitória um número suficiente de medalhas de ouro para *incendiar* sua casaca e gravata brancas com um peito cheio de honrarias.

Em 1870, o tal peso de Wallace já virara uma verdadeira *gravitas*, para súbita ansiedade de Darwin, que criara coragem para começar a trabalhar em *A descendência do homem*, sua sequência de *A origem das espécies*, formalmente pronunciando o homem um descendente de macacos, produto da seleção natural. Então, Wallace lançou "Os limites da seleção natural aplicada ao homem", a peça final de seus artigos intitulados *Contribuições à teoria da seleção natural*.

Na trigésima nona página deste ensaio de quarenta páginas, ele solta uma frase imortalizada nos anais da aniquilação por anestesia. Nada há nas páginas lidas anteriormente, diz Wallace, que "em qualquer grau afete a verdade ou a generalidade da grande descoberta de Charles Darwin".[17] Não, nada além do fato de que nas 38 páginas anteriores ele sistematicamente desmontava e destruía aquilo que Darwin mais prezava, o ponto central de toda a sua teoria desde o começo, a saber, que os próprios seres humanos também são animais, apenas animais da espécie mais altamente evoluída, tese esta que, na realidade, Wallace retruca: Lamento, mas *existe* uma distinção fundamental entre homem e animal.

Depois que começa, Wallace não desperdiça tempo e avança para o golpe mortal. Ele vai diretamente a três dos pressupostos centrais de Darwin. Um: a seleção natural pode expandir os poderes de uma criatura somente enquanto ela mantiver uma vantagem sobre a competição na luta pela existência... e não além disso. Dois: a seleção natural não pode produzir quaisquer mudanças que sejam ruins para a criatura. E três: a seleção natural não pode produzir qualquer "órgão especialmente desenvolvido" que seja inútil para a criatura... ou que tenha tão pouco uso que somente milhares e milhares de anos depois a criatura possa tirar vantagem do pleno poder de tal órgão.

A criatura é o homem, e o "órgão especialmente desenvolvido" é o cérebro. Wallace se esforça bastante para demonstrar que, entre os mamíferos, o tamanho do cérebro tem uma "conexão íntima" com a inteligência. Por exemplo, "quando um homem europeu adulto tem um crânio de circunferência menor do que 48 centímetros, ou menos de 1.065 centímetros cúbicos de cérebro, invariavelmente ele é idiota".[18] Os neandertais e todos os outros seres humanos pré-históricos, até a Idade da Pedra, tinham cérebros maiores do que isso, e quase tão grandes quanto o do homem moderno, tal como a maioria dos povos não tutelados no presente... enquanto os cérebros dos macacos mais inteligentes, como os chimpanzés, gorilas e orangotangos, mal chegam a um terço do tamanho humano. Isto significa, diz Wallace, que o homem pré-histórico tinha um "órgão especialmente desenvolvido" com muito mais poder do que precisava para sobreviver... e foram necessários literalmente séculos para que o homem moderno começasse a fazer uso pleno dele. Portanto, ali está o homem, equipado com "um órgão que parece preparado com antecedência, para ser usado plenamente só quando ele progredir na civilização".[19]

A seleção natural não consegue explicar tal coisa de forma alguma, dizia Wallace. Mas a seleção natural tampouco consegue explicar o corpo sem pelos do homem, principalmente seu dorso nu, que o torna altamente vulnerável ao vento, ao frio e à chuva. Todos os demais primatas, até na África e nos trópicos, têm couro ou pelagens que os protegem, a ponto de torná-los à prova d'água. Os fios das pelagens são sobrepostos em camadas inclinadas para baixo. A chuva simplesmente escorre, sem penetrar. O homem não sente falta disso? O tempo todo, dizia Wallace. Na realidade, desde tempos imemoriais os homens vêm usando peles de animais e tudo o mais em que conseguem pensar para cobrir suas costas.[20] E ali estava um caso óbvio do que Darwin dissera que não podia acontecer: evolução prejudicial. "Um único caso deste tipo", dissera o próprio Darwin, provocando o Destino, "seria fatal para a teoria."[21]

Só que havia *fatal*... e havia *esmagada* até a morte, para usar uma palavra do próprio Darwin. Esmagada até a morte vinha na forma da maior realização do cérebro humano: o pensamento abstrato. Sem isso, dizia Wallace, nenhum homem poderia ter concebido números, aritmética e formas geométricas... jamais teria experimentado o prazer da música e da arte... não teria consciência, e consequentemente nem códigos morais... não teria "concepções ideais de espaço e tempo, de eternidade e infinito"...[22] nenhum sentido de passado ou futuro... nenhuma consciência do lugar do homem no mundo... nenhuma capacidade de registrar o aqui e o agora, para recorrer a lembranças precisas ao fazer planos a longo prazo, ou até para cinco minutos à frente. Nenhuma destas capacidades mais refinadas da humanidade tinha qualquer coisa a ver com a seleção natural, que só conseguia tornar uma espécie apta o suficiente para sobreviver, fisicamente, na luta pela vida. *Sobrevivência?* No caso do homem, tratava-se de domínio absoluto. O cérebro humano "levou o homem a conquistar o mundo", como diria Wallace dezenove anos mais tarde em seu livro *Darwinismo*. O poder do cérebro humano era tão maior do que os limites da seleção natural que a expressão ficou sem sentido para explicar as origens do homem.

Não, dizia Wallace, "a ação de algum outro poder" era necessária. Ele chama isso de "uma inteligência superior", "uma inteligência controladora". Somente um poder assim, "um novo poder de caráter definido", pode explicar um homem "em constante avanço".[23] Seja o que for tal poder, é infinitamente mais importante do que a mera seleção natural.

Ora, aquilo *doeu*. Mais uma vez, o pequeno papa-moscas do Wallace fizera Charles Darwin (usando um anacronismo, como já notado antes) *pirar*. Tomado de um verdadeiro frenesi, Charlie começou a rabiscar *NÃO! NÃO! NÃO! NÃO!* nas margens do seu exemplar e, depois, a atirar lanças sob a forma de pontos de exclamação.[24] Apenas umas poucas acabaram seguindo imediatamente os *Nãos*. O resto atingiu a página sob a forma de... tome *isto*, Wallace!... bem na sua fossa temporal e no pouco mais de oitocentos centímetros cúbicos da sua pequena cavidade cerebral!... e *isto* aqui! – *riiiippp* – no meio do seu plexo solar!... e agora *isto*!... bem nas suas tripas!... e mais *isto*!... para esmagar qualquer virilha!... e *isto* também... no meio do seu coração ingrato!!!!! E pensar que eu me dei ao trabalho de melhorar a sua reputação. Verdade que foi por culpa, mas mesmo assim fiz esse favor para você. E não pense que aquela pequena retratação patética na página 39 absolve você de qualquer traição, não.

Por fim, ele se recompôs e enviou a Wallace um bilhete que dizia: "Espero que você não tenha assassinado completamente a nossa filha, minha e sua."[25]

Ah, mas isto ele já tinha feito. Assassinado ou, de forma menos dramática, tentado destruir... era o que Wallace fizera com todo o clímax olímpico da Teoria da Evolução de Darwin. Só que Darwin não estava com a menor vontade de ser menos dramático. Aquela traição de Wallace, bem no rastro do desdém sucinto de Max Müller, *só* podia ser qualificada como assassinato, quando se via a coisa de perto.

Ele só ficou aliviado quando Wallace, de forma intrigante, passou a se autodestruir como cientista ao assumir a fé no espiritismo, que então já começara a virar moda entre pessoas sob outros aspectos inteligentes. O espiritismo não envolve, necessariamente, uma crença em Deus. Mas você precisava admitir que havia uma espécie de quarta dimensão, o domínio sobrenatural de uma força, ou espírito, que os mortais comuns não conseguiam compreender. Era isso que Wallace, um ateu confesso desde o início da adolescência, tinha em mente quando começava a falar da "ação de algum outro poder"... "um novo poder de caráter definido"... "uma inteligência superior"... "uma inteligência controladora". Uma maneira de comungar com esse tal Poder era frequentar sessões espíritas, sempre cheias de batidas na mesa, cartas de tarô e gemidos ou gritos inexplicáveis. Uma das metas, entre várias outras, era entrar em contato com a alma dos mortos no Além. Wallace conseguiu fazer Darwin comparecer a uma dessas sessões. Ele aguentou menos de quinze minutos e saiu de lá balançando a cabeça.[26]

Na realidade, Wallace estava atribuindo a poderes sobrenaturais algo tão natural para seres humanos (e *apenas* para seres humanos) por toda parte quanto a respiração... a saber, a fala, a linguagem, a Palavra.

A linguagem, em todas as suas formas, fez o homem avançar bem além dos limites da seleção natural, permitindo que ele pensasse em termos abstratos e planejasse o futuro (nenhum animal era capaz disso); medisse coisas e registrasse as medidas para uso posterior (nenhum animal era capaz disso); compreendesse o espaço e o tempo, Deus, a liberdade e a imortalidade; e pegasse itens na natureza para criar artefatos, fosse um machado ou a álgebra. Nenhum animal conseguia sequer começar a fazer qualquer coisa assim. A doutrina de Darwin sobre a seleção natural não conseguia lidar com os artefatos, que por definição são antinaturais, nem com a mãe de todos os artefatos, que era a Palavra. O inexplicável poder da Palavra (a fala, a linguagem) estava levando Darwin à loucura e Wallace ao Além.

Um cosmogonista como Darwin, porém, não podia deixar a coisa por isso mesmo. A fala tinha de ter alguma genealogia animal... *tinha de se encaixar* em sua Teoria de Tudo. Aquilo estava na sua cabeça constantemente. Era uma ameaça da qual ele não poderia se esquivar por muito tempo mais.

CAPÍTULO III

A IDADE DAS TREVAS

JÁ ERA RUIM o suficiente que Max Müller o houvesse desafiado diretamente, em alto e bom som, publicamente, perante a Royal Institution, debochando dele, por causa daquele negócio da linguagem.[1] Aquilo fora oito anos antes, em 1861, e Darwin passara esse tempo todo tentando descobrir alguma coisa, *qualquer coisa*, em sons, gestos, hábitos e expressões faciais de animais que pudesse apontar como evidência da evolução da linguagem. Era algo que *tinha* de existir em algum lugar! Se existia, porém, nem ele, nem Lyell, Hooker, Huxley ou qualquer um dos outros fiéis conseguira descobrir. E então aparece o vira-casaca do Wallace, mostrando uma carrada de outros poderes que pareciam ter vindo do nada para o *Homo sapiens*, deixando Darwin, toda a sua teoria e todos os seus devotos presos do lado errado do Rubicão.

No início, Darwin ficara irritado. Agora, porém, tinha uma dor de cabeça. Que confusão. Onde ele arranjaria uma explicação para se livrar daquilo? Até poderia ceder e admitir que, bom, sim, ele não tinha razão em *tudo*, como naquele negócio da linguagem... mas essa saída durou apenas uma piscadela. Darwin estava por demais absorto em sua obsessão cosmogônica. Afinal, sua Teoria da Evolução era uma teoria de... *tudo*.

Ele vinha escrevendo, ainda que com certo desânimo, uma sequência para *A origem das espécies*. Considerava-o o seu "Livro do Homem", porque colocaria o até então desaparecido *Homo sapiens* no panorama da Evolução.* Wallace já se antecipara a ele no tema da seleção natural; haviam sido necessárias toda a influência de Darwin e sua esperta-esperta-esperteza como Cavalheiro para passar a mão na prioridade daquele papa-moscas ingênuo. Digamos, porém, que o papa-moscas aparecesse com um livro que assassinasse "nossa filha, minha e sua", mostrando que a Evolução não conseguia explicar o dom de *pensamento abstrato* do brucutu? E se ele conseguisse passar a ideia de que algum "novo poder de caráter definido" ou alguma "inteligência controladora" (uma força que mortais comuns não compreendiam) distinguia o homem dos animais?[2]

Na visão de Darwin, havia um parafuso solto na cachola de Wallace... graças a toda aquela baboseira de espiritismo. Só que ele não tentou desacreditar Wallace com base nisso. Até então, a superioridade de classe por parte de Darwin e dos Cavalheiros intimidara o papa-moscas. Caso Wallace ficasse irritado, porém, poderia simplesmente reabrir a questão da prioridade, expondo

---

* Darwin usa esta frase em uma carta de 29 de junho de 1870 a John Jenner Weir (http://www.darwinproject.ac.uk/entry-7253).

o golpe que o trio de Cavalheiros (Lyell, Hooker e Darwin) lhe aplicara, enquanto ele estava na Malásia, a mais de dez mil quilômetros de distância dali, totalmente ignorante do que eles andavam armando. Além disso, qualquer depreciação daquela tal "inteligência controladora" de que Wallace vivia falando poderia ser interpretada como um ataque ao Todo-Poderoso, e Darwin já estava bastante encrencado por esse aspecto. Ele precisava arranjar uma maneira mais sutil de refutar Müller e Wallace. E era essencial agir depressa. Quem sabia até que ponto Wallace poderia tentar chegar com aquele troço e com que rapidez faria isso?

Àquela altura, 1869, Darwin já tinha sessenta anos e estava cada vez mais hipocondríaco, ou irremediavelmente dispéptico. Vomitar três ou quatro vezes ao dia já se tornara rotina. Seus olhos viviam marejados, gotejando sobre aquela velha barba grisalha de filósofo. Sua chance de abandonar a escrivaninha em Down House e sair pelo mundo procurando evidências, como fizera no *Beagle*, era zero. Em vez disto, ele se acorrentava à escrivaninha, forçando-se a escrever, como fizera em 1858 e 1859, quando se antecipara a Wallace com *A origem das espécies*. Agora, ele encarava a pior ameaça já surgida à sua Teoria da Evolução. Então acelerou a imaginação ao máximo, e arrebanhou os animais juntos na sua cabeça, como um verdadeiro Noé naturalista, e foi inspecionando todos (*hiper*inspecionou-os desta vez), até encontrar o que procurava, a saber, embriões de todas as Coisas Mais Elevadas... linguagem, senso moral, pensamento abstrato, música, religião, autoconsciência... tudo de que a mente humana era capaz, fosse o que fosse, Darwin encontrava uma origem primeva em algum animal.[3] O resultado foi um verdadeiro *tour* *de force* em matéria de imaginação literária: o livro intitulado *A descendência do homem e a seleção sexual*, publicado em 1871.

Trinta e um anos mais tarde, em 1902, outro escritor britânico publicou mais um *tour de force*, em matéria de imaginação literária, sobre as origens de animais e homens. O autor era Rudyard Kipling e o livro se chamava *Histórias assim*. Um conto típico era "Como o leopardo arranjou as suas pintas". Ao que parece, o Leopardo vivia nos áridos cumes arenosos de uma montanha que vislumbrava a selva. O couro do Leopardo tinha a mesma cor do terreno, um castanho-claro sem qualquer marca. Os animais menores nem conseguiam vê-lo, até que ele pulava lá do pano de fundo e os almoçava. O parceiro de caçada do Leopardo era um etíope, um homem de pele morena clara. Ele usava um arco e flecha para transformar os passantes em refeições... até ser impelido pela má sorte, junto com o Leopardo, a descer para aquela selva escura. Lá embaixo o Leopardo, com seu couro castanho-claro, subitamente passou a se destacar feito uma bela refeição de dar água na boca... para qualquer par de dentes caninos que por acaso aparecesse. O tal etíope já não tinha muito prazer em ficar perto dele. Para salvar a própria pele clara demais, o etíope achou um pouco de graxa e se pintou de preto dos pés à cabeça. Assim conseguia desaparecer nas sombras. Ele tinha muita gosma preta ainda nos dedos e deu uma passada no couro do Leopardo também, deixando impressões digitais por toda parte. Com todas aquelas impressões digitais pretas, na penumbra verde-escura da selva, o Leopardo parecia simplesmente uma pilha de pedras no chão. E foi assim que o leopardo arranjou as suas pintas.[4]

Desde o início, a intenção de Kipling era entreter crianças. A intenção de Darwin, por outro lado, era totalmente séria e absolutamente sincera em nome da ciência e de sua cosmogonia. Nenhum dos dois tinha qualquer evidência para sustentar o seu conto. Kipling, é claro, jamais alegara ter. Mas Darwin alegava. A primeira pessoa a se referir aos contos de Darwin como Histórias Assim foi Stephen Jay Gould, um paleontólogo e evolucionista de Harvard, em 1978.[5] Os neodarwinistas ortodoxos jamais lhe perdoaram. Gould não era um herege, e nem mesmo um apóstata. Era um simples pecador profano. Chamara a atenção para o fato de que as Histórias Assim de Darwin exigiam uma proeza de escrita ficcional com que Kipling não conseguia competir. O poder narrativo de Darwin voava alto em *A descendência do homem*, precisamente onde era necessário, ou seja, ao explicar o tal intrigante negócio da linguagem.

A linguagem, dizia Darwin, tivera origem nos cantos dos pássaros durante a temporada de acasalamento. O homem começara a imitar os pássaros, *a capella*. Pouco a pouco, ele havia começado a repetir certos sons dos cantos, com tanta frequência que esses sons passaram a representar certas coisas na natureza. Tornaram-se embriões de palavras, e o homem começou a criar uma "protolinguagem musical".[6] No entanto, os cantos de acasalamento só são entoados pelos pássaros machos. E as fêmeas humanas? Sem problemas. As fêmeas começaram a imitar os machos, embora com um registro mais agudo, e a protolinguagem se tornou muito mais agradável. Em pouco tempo as fêmeas já estavam até enrolando os machos nas conversas. A protolinguagem das fêmeas, dizia Darwin, persiste até hoje... sob a forma dos arrulhos das mães para seus bebês. Tais sons não têm qualquer significado nos dicionários. Ainda assim, sinalizam amor, proteção, aconchego e hora da refeição.[7] Em todo caso, isso era "Como as aves deram ao homem suas palavras".

E por que o *Homo sapiens* descendia de macacos peludos, mas acabara nu... como Wallace fizera certo esforço para ressaltar? Até na hórrida-tórrida quentura da África, animais como os antílopes tinham pelos para se protegerem do vento e da chuva. Assim como o homem... lá atrás, naquele passado invisível onde mora a Evolução. Começando, disse Darwin, o homem era tão cabeludo como o macaco mais peludo. E por que hoje não? Você é *cego*, Wallace? Não entendeu a segunda metade do meu título *A descendência do homem e a seleção sexual*, não é? A Evolução, dizia Darwin, transformara o *Homo sapiens* em um animal mais sensível, coisa que por sua vez lhe deu algo próximo de um sentimento estético. O macho começou a admirar fêmeas que tinham couros menos simiescos, porque assim podia ver mais partes daquela adorável pele macia que o excitava sexualmente. Quanto mais pele ele via, mais queria ver. Obviamente valorizadas pelos machos porque seus couros eram muito menos peludos, as fêmeas mais procuradas começaram a olhar de nariz empinado para os antiquados machos peludos, a um passo grosseiro de macacos propriamente ditos. Gerações após gerações foram se passando, milhares delas, até que, graças à seleção natural, machos e fêmeas se tornaram tão nus quanto são hoje. Têm apenas duas moitas de pelos, uma na cabeça e outra na área pubiana, além de algumas mechas quase invisíveis, pequenos restos de suas antigas versões hirsutas, nos antebraços e nas canelas, ou, no caso de alguns machos, no peito e nos ombros.* Sim, sentiam frio nas costas, um frio terrível, como argumentara Wallace. O que o coitado do Wallace não sabia, porém, era que o calor da paixão conquistava tudo... e isso era "Como o homem perdeu os seus pelos por amor". (*Isso* você entendeu, Wallace?)

A verdade era que Kipling não merecia um "ismo" no fim do seu nome. Darwin merecia. Quando era preciso inventar histórias, Kipling carecia do grande recurso de Darwin, "meu cão". Por exemplo, como o homem obteve a capacidade de pensamento abstrato? Óbvio, por demais óbvio. Como alguém pode contestar o fato, dizia Darwin, de que até pequenos mamíferos com status muito inferior ao de macacos têm essa capacidade? "Quando um cão vê outro cão a distância, frequentemente fica claro que ele percebe que se trata de um cão em abstrato, pois quando se aproxima mais toda a sua postura muda, caso o outro cão seja um amigo."[8] Esse era o cão de Darwin? Ele não diz, mas frequentemente, em *A descendência do homem*, "meu cão" aparece como uma evidência importante. Em um trecho, com a palavra "experiência" até sugerindo um experimento científico controlado, ele dizia: "Quando digo à minha terrier, com voz animada (e já fiz essa experiência muitas vezes), 'Ei, ei, onde está tal coisa?', ela imediatamente toma isso como um sinal de que algo deve ser caçado. Em geral começa dando uma rápida olhadela em torno e depois corre até a moita mais próxima para farejar alguma presa. Se não encontra algo, porém, ela vasculha as árvores por

---

* "Estou inclinado a acreditar, como veremos sob a seleção sexual, que o homem, ou melhor, primeiramente a mulher, foi perdendo seus pelos por objetivos ornamentais..." Darwin (1871), 149-150.

perto em busca de algum esquilo. Ora, tais ações não mostram claramente que ela já tinha em mente a ideia ou o conceito geral de que algum animal deveria ser descoberto e caçado?"[9]

Religião? Só é preciso observar *meu cão*. "A sensação de devoção religiosa é altamente complexa, consistindo em amor, completa submissão a um superior exaltado e misterioso, gratidão, esperança no futuro..." Vemos "esse estado de espírito no profundo amor de um cão por seu dono, associado a submissão completa, algum temor, e talvez outros sentimentos".[10] De certa feita, ele notou *meu cão* deitado no gramado em um dia quente, quase sem vento. Não muito longe dali, "uma leve brisa ocasionalmente balança um guarda-sol aberto", e toda vez *meu cão* rosnava ferozmente e começava a latir. "Ele só podia, acho eu, ter raciocinado consigo mesmo... que um movimento sem causa aparente indicava a presença de algum estranho agente vivo... A crença em agentes espirituais se transformaria facilmente em crença na existência de um deus ou de mais deuses... Um cão olha para seu dono como um deus."[11] E aí está. Esta reverência vai subindo pela grande cadeia da Evolução até chegar ao homem.

Afeto parental? Isto começa bem lá embaixo na hierarquia animal, com estrelas-do-mar, aranhas e a *Forficula auricularia*. No latim da biologia, *Forficula auricularia* são as tesourinhas, ou lacrainhas. O senso moral? O afeto parental, inclusive o das tesourinhas, já é um senso moral em embrião, diz Darwin.[12] Evoluiu até virar a solidariedade que os mamíferos sentem por criaturas de outras espécies, não só da sua, a ponto de arricarem suas vidas por elas. A solidariedade "leva um cão corajoso a atacar qualquer um que agrida seu dono... eu próprio já vi um cão que nunca passava por uma gata doente, deitada em uma cesta, sem lhe dar algumas lambidas com a língua, o mais claro sinal possível de sentimento bondoso em um cão." Seria *meu cão*? Ele continua: "Vi uma pessoa fingindo bater em uma senhora que tinha no colo um cãozinho tímido, e a experiência nunca fora feita antes" – mais uma experiência científica –, e o bichinho imediatamente "pulou para longe, mas depois que a falsa agressão terminou foi realmente patético ver a perseverança com que ele insistia em lamber o rosto de sua dona para confortá-la."[13] Além de amor e solidariedade, os animais exibem outras qualidades ligadas a instintos sociais, que no homem seriam chamados de morais. "Os cães possuem algo muito semelhante a uma consciência", diz ele. Parecem ser capazes de se refrearem em deferência às regras do seu dono, e "isso não aparenta ser resultado só de medo". Por exemplo, eles "irão se refrear para não roubar comida na ausência de seu dono".[14]

Com obstinação canina, Darwin vai roendo os sinais apontados por Wallace como sendo de "um novo poder de caráter definido", e devolve tudo aos latidos, gemidos, coceiras e arranhões da vida animal da sua Teoria da Evolução.

Sua grande meta geral, porém, era fazer secar aquele maldito Rubicão de Max Müller. Se Müller estivesse certo, ou mesmo que só parecesse estar certo, seria o fim da reputação de Darwin como o gênio que mostrara ao mundo não haver distinção fundamental entre homem e animal. A linguagem era o ponto crucial de tudo aquilo. Se a linguagem separava o homem do animal, então a Teoria da Evolução se aplicava só a estudos sobre animais, e não ia além dos macacos peludos. Müller era proeminente e arrogante... além de debochar dele![15]

A *descendência do homem e a seleção sexual* não chegou perto de ser a sensação que Darwin, alternadamente, esperava e temia que fosse.* Seus colegas naturalistas, notadamente Lyell e Huxley, juntamente com, àquela altura, grande parte do público leitor, já presumiam que o verdadeiro assunto de *A origem das espécies*, doze anos antes, era a descida do homem das árvores, onde viviam os macacos. Aquele livro novo estava apenas dando mais detalhes. Àquela altura, a Teoria da Evolução vencera a batalha por status intelectual, mesmo nas fileiras dos jovens clérigos da Igreja Anglicana. Eles próprios já estavam trocando o clero pela clerezia. As resenhas já abordavam Darwin como um Grande Homem. O *Annual Register*, um apanhado anual da vida intelectual britânica, comparava Darwin a Isaac Newton, descobridor da lei da gravidade e criador dos campos da física, da mecânica, da astronomia moderna e das Regras de Raciocínio Científico no século XVII. O resenhista anônimo do *Annual Register* dizia que todos conheciam "a profundidade da influência da filosofia newtoniana nas duas ou três gerações seguintes". A teoria de Darwin terá um impacto comparável, previa ele. "É possível ver traços dessa influência nos campos mais remotos e inesperados, em questões históricas, sociais e até artísticas...

---

* Um resenhista anônimo colocou a coisa assim: "Os volumes há muito esperados e recém-publicados do Sr. Darwin não causarão grande espanto... mas consolidarão, fortificarão e levarão a uma conclusão o esquema de ideias que o mundo vem há anos associando ao seu nome." (Ver "Darwin's Descent of Man", *Saturday Review 3*, abril de 1871.)

Por toda parte, vamos nos deparando com aquela série de ideias a que Charles Darwin fez mais do que qualquer outro homem para dar proeminência."[16]

A meta de Darwin era mostrar que todas as Coisas Mais Elevadas de Müller e Wallace evoluíam de animais... animais tão pequenos quanto as tesourinhas. Como ele não tinha evidências, repetidamente recorria à vida e à época de *meu cão*. Os colegas naturalistas, bem como os linguistas, não pareceram se entusiasmar. Aquela nova teoria da linguagem não suscitou respostas como *Aaahh!*, que dirá reações como *Eureca!*. As resenhas negativas criticavam a fragilidade do raciocínio, bem como a falta de evidências; já as positivas simplesmente evitavam tocar no assunto.[17] Obviamente, Darwin continuava tão perplexo diante da origem da linguagem quanto todo o resto do mundo.

No ano seguinte, 1872, a Sociedade Filológica de Londres desistiu de descobrir a origem da linguagem e passou a recusar artigos sobre o assunto ou a tolerar que o tema fosse abordado em suas reuniões.[18] Os membros já estavam ficando tão loucos com a linguagem quanto Darwin e Wallace. Todas aquelas infindáveis elucubrações haviam se provado desprovidas de sentido. Nada esclareciam e não levavam a sociedade em direção alguma, salvo o ócio do desânimo. A Sociedade Linguística de Paris já banira o assunto com as mesmas justificativas seis anos antes, em 1866.[19]

É claro que os filólogos e os darwinistas eram criaturas diferentes, como ficara demonstrado em 1861, quando Max Müller resolvera enfrentar Darwin, fizera pouco dele e declarara que a linguagem era uma nítida linha divisória que elevava o homem acima do animal de forma final e definitiva. No entanto, quando fracassou a tentativa do próprio Darwin, em *A descendência do homem*, de esclarecer a confusão, os darwinistas também jogaram as mãos para o alto. O assunto da origem da linguagem, e do seu modo de funcionar, adentrou uma idade das trevas que duraria 77 anos, comparável nos anais da ciência à Idade das Trevas que baixara sobre a Europa após a invasão dos hunos. Em uma visão retrospectiva, é difícil acreditar que o tema mais crucial, de longe, em todo o debate sobre a Evolução do homem (a linguagem) ficou abandonado, jogado no ralo da memória, de 1872 a 1949.

Quando Darwin morreu em Down House, em 1882, de um ataque cardíaco após quase três meses de intermitentes dores no peito, seu grande exército de relações-públicas, o Clube X, andava mal das pernas, graças à mesma moléstia, a velhice. Em 1883, um membro morreu de febre tifoide, e dos oito remanescentes apenas dois tinham saúde suficiente para continuar se reunindo com regularidade. Um dos doentes era Huxley, o menino prodígio de outrora, que sofria de uma severa depressão recorrente e saiu do grupo de vez em 1885, aos sessenta anos de idade (para morrer dez anos depois). Uma moção para recrutar novos membros acabou rejeitada. O Clube X, o mais poderoso grupo de apoiadores que alguma nova teoria científica já tivera... faleceu sem-cerimônia alguma em 1893.[20]

Outra má notícia para a Teoria da Evolução surgiu subitamente em 1900, quando três naturalistas diferentes, de três países diferentes (Áustria, Alemanha e Holanda), cada um disposto a solucionar por conta própria os mistérios da hereditariedade biológica, descobriram o trabalho jamais divulgado, e há muito esquecido, de um contemporâneo de Darwin: um monge austríaco chamado Gregor Johann Mendel, já então falecido. Ele nasceu como Johann Mendel em 1822 (três anos antes de Huxley), filho de camponeses da Morávia que logo perceberam ter uma criança prodígio nas mãos. O casal se sacrificou até o osso, por quase quinze anos, a fim de pagar pela educação do filho, desde a primeira série até a um programa universitário de dois anos, que ele completou com honra ao mérito. Por alguma razão, Mendel, como Huxley, começou a sofrer crises de depressão e entrou para um monastério agostiniano no Norte da Áustria. Como era de costume, ele fez os votos, recebendo então um novo nome santo, Irmão Gregor, e uma típica tarefa do monastério, cuidar da horta, ajudando assim a fornecer comida para todos os irmãos.

O hortelão não aprendera biologia, muito menos agronomia, mas começou a notar certos padrões que se repetiam em sucessivas gerações de ervilhas, e na vida vegetal as gerações se sucedem com rapidez. Em 1856, ele começou um experimento com ervilhas que durou nove anos, e pouco a pouco foi envolvendo 28 mil plantas, sendo muito provavelmente o maior e mais longo experimento agrícola até então. Em 1865, Mendel estabeleceu todas as leis fundamentais da hereditariedade em uma palestra e depois em uma monografia intitulada *Experimentos de hibridação em plantas*, criando assim um ramo moderno da ciência: a genética. Isto aconteceu apenas cinco anos depois de *A origem das espécies* de Darwin.

Experimentos de hibridação em plantas mal conseguiu ser publicado em um obscuro periódico alemão e não foi notado em qualquer outro lugar.* Felizmente, por sua serenidade de espírito, Mendel era confiante. Ele estava convencido de que suas leis de hereditariedade das ervilhas se aplicavam a todo organismo vivo, animal ou vegetal. Darwin morreu em 1882, sem saber de Mendel, que morreria dois anos depois, em 1884, quase sem ser lido, mas também sem ser contestado. Pouco tempo antes de morrer, ele escreveu um bilhete para si mesmo: "Estou convencido de que não demorará muito para que o mundo inteiro reconheça os resultados do meu trabalho."[21]

Ele morreu e acertou em cheio. Dezesseis anos após sua morte, um austríaco, um alemão e um holandês descobriram seu trabalho no periódico alemão e viraram os Huxleys póstumos de Mendel.

A genética mendeliana fez sombra à Teoria da Evolução desde o início. Este campo novo nascera de experiências puramente científicas, que agrônomos e biólogos podiam reproduzir por toda parte. A Teoria da Evolução, por outro lado, nascera das elucubrações de dois pensadores imóveis: um que jazia em um catre improvisado e encharcado de suor em uma choupana improvisada na Malásia, pensando... e o outro atrás de uma sólida escrivaninha de nogueira, em uma imponente mansão rural perto de Londres, pensando... acerca de coisas que nenhum homem jamais vira e nem poderia ter a esperança de reproduzir em muito menos do que alguns milhões de anos. Perto da teoria genética, a Teoria da Evolução nem parecia uma ciência, e

---

* Mendel enviou a Darwin uma cópia de seu artigo, que foi encontrada sem ter sido lida, com as páginas ainda por cortar, depois que os dois homens já haviam morrido.

sim uma estimativa confusa... frouxa, movediça, encharcada e que vazava por toda parte. Não obstante, os darwinistas jamais renunciaram à sua determinação cosmogônica de fazer o darwinismo explicar Tudo. Durante os anos 1920 e 1930, eles tiveram a brilhante ideia de cooptar a genética e tratá-la como um dos componentes da Teoria da Evolução. Um componente é parte de algo maior... certo?

E foi assim que os darwinistas deram a volta por cima, após quarenta anos fora do pódio. A teoria de Mendel virou apenas mais uma de suas ferramentas. E assim nasceu o que veio a ser conhecido como síntese moderna. O principal sintetizador foi um geneticista ucraniano, Theodosius Dobjansky, que, em 1927, migrara para os Estados Unidos. Em 1937, ele publicou a bíblia da síntese moderna, *Genética e a origem das espécies*... e em 1973, dois anos antes de morrer, publicou um manifesto com um título que os darwinistas citam desde então: "Nada na biologia faz sentido, exceto à luz da evolução."[22]

E nada na linguagem fazia sentido para Dobjansky e seus sintetizadores modernos. Eles se apiedavam... se *apiedavam*... de gente que ainda tentava estudar as origens da linguagem. Aquilo era tão útil quanto tentar estudar a origem da percepção extrassensorial, da telepatia mental ou das mensagens vindas do Além. Para usar um *nom de bouffon* datado de 1959, antes que a síntese moderna se transmutasse em neodarwinismo, qualquer acadêmico que dedicasse seu tempo à origem da linguagem era rotulado de... paspalho.

Foi espantoso... absolutamente *espantoso*! Três gerações de darwinistas e linguistas mantiveram a cabeça enfiada na areia ao tratar da origem do mais importante poder que o homem possui. Foi preciso uma virada histórica da magnitude da Segunda Guerra Mundial para atrair a atenção deles.

O caso de um proeminente linguista chamado Morris Swadesh se tornou clássico. Antes da guerra, ele era um linguista brilhante, mas completamente tradicional. Nos anos 1930, viajara incansavelmente a lugares remotos de que ninguém, exceto os vizinhos (se houvesse algum), já ouvira falar... no México, nos Estados Unidos e no Canadá, sobrevivendo apenas à custa de cocos, vagens e carne-seca. Na crônica ausência de água encanada, ele também vivia baixando as calças e se acocorando no capinzal, mas o tempo todo continuava procurando tribos e outros enclaves étnicos de que também poucos já tinham ouvido falar... para estudar suas línguas... tarahumara, purépecha, otomi, menomini, moicano... perto de cem delas, antes de terminar... e separando-as em famílias linguísticas, como a algonquina, a oneida, a tarascana... além de ficar fluente em mais de vinte delas durante o processo.[23] Então a Segunda Guerra Mundial eclodiu. Swadesh tinha trinta anos, bem abaixo da idade-limite do recrutamento militar, que era 35, e acabou no Exército, trabalhando em projetos de inteligência que envolviam línguas importantes (russo, espanhol, chinês, birmanês e outras primas, como a língua naga da Birmânia) e serviam para interpretação, monitoramento e, possivelmente, espionagem. (Swadesh era um aprendiz rápido. Em um único dia de visita ao lado de um guia, ele absorveu tanto do naga que à noite conseguiu fazer um discurso de agradecimento, com dez minutos de duração, inteiramente nessa língua.[24])

Os militares não estavam interessados no material episódico que acadêmicos como Swadesh haviam recolhido em seus périplos. Eles queriam dados convenientemente matematizados, quantificados, *consolidados* (a metáfora corrente) e padronizados no interesse de uma rotina eficiente. Por seu esforço, em todo o país, os militares deram um tremendo impulso à tendência a uma abordagem empírica. "Empírico" era um adjetivo simples que englobava todos os anteriores (quantificado, consolidado, matematizado, padronizado). O empiricismo exercia grande pressão para que os acadêmicos das ciências humanas, como sociologia, antropologia e linguística, consolidassem seus estudos até terem ao menos um fio de chance de se assemelharem à física e à química... ou pelo menos à biologia.

Em 1948, Swadesh criou, e não muito melifluamente nomeou, um novo campo do estudo linguístico: a glotocronologia... e seu desdobramento, a glotogênese... a partir da palavra grega *glotto*, que significa "língua", e, por extensão, "linguagem". Ambos os termos brandiam símbolos matemáticos lexicoestatísticos (Swadesh inventou este termo) –

$$\sum_i \frac{(E_i - O_i)^2}{E_i}$$

– como o *sigma*, com seus ângulos agudos e linhas feito lâminas empalando o incauto cérebro humano e fazendo a pesquisa linguística parecer (e soar como) uma datação por carbono radioativo, o que literalmente era mesmo a ideia. A datação por carbono radioativo era usada para estimar, com intervalos de milhares de anos, a idade de objetos sólidos, principalmente rochas e ossos. Swadesh gostava do aspecto e do som científicos daquilo. Ele queria determinar a cronologia das línguas a partir das mudanças em suas gramáticas, sintaxes, ortografias, vocabulários e taxas de absorção de outras línguas ao longo do tempo. E desejava que isso parecesse tão sólido quanto a datação por carbono radioativo parecia ser.[25]

Os linguistas intrigados pela glotogênese de Swadesh começaram a abordar a questão de como, exatamente, a linguagem funciona. Notável entre eles era um sinólogo canadense chamado Edwin G. Pulleyblank:

"Nossa capacidade, por meio da linguagem, de manipular o mundo mental e assim lidar imaginativamente com o mundo da experiência", disse Pulleyblank, "tem sido um fator importante, talvez até o fator principal, para dar aos seres humanos uma vantagem esmagadora sobre outras espécies em termos de evolução cultural, em oposição à biológica."[26]

Ele estava perto, mas nunca chegou ao coração da matéria, que envolve não apenas o que a linguagem pode fazer, mas o que ela *é*... e isto tampouco conseguiu fazer qualquer outro glotogenesista.

Aos poucos, o glotojargão de Swadesh desapareceu das publicações.

Swadesh pode ter sido o primeiro, mas durante o *boom* da guerra os mais proeminentes linguistas eram associados ao Massachusetts Institute of Technology. O radar transformou essas doze sílabas em MIT, iniciais logo pronunciadas no mundo inteiro, sempre que surgia o assunto de brilhantes proezas de engenharia. Em 1940, no começo da guerra, o governo instalou no MIT o Radiation Laboratory, com uma missão de alta prioridade, urgente e secreta: desenvolver o radar como arma militar. Para começar, o radar poderia ajudar a mirar bombas lançadas da barriga de um bombardeiro em direção ao alvo. O programa foi tão bem-sucedido que em 1945, no auge da guerra, o Rad Lad (emagrecido de nove para duas sílabas) tinha 3.897 funcionários trabalhando dia e noite em um prédio de três andares que-tencionava-ser-temporário, conhecido como Edifício 20, improvisado com estruturas de madeira e forrado com amianto, mas que só conseguiu ser enfiado no campus porque as quadras de *squash* e uma quantidade de outras instalações humanas, por assim dizer, foram realocadas. Àquela altura, o Edifício 20 tinha mais de dezoito mil metros quadrados de área construída, ou seja, três campos de futebol e meio de tamanho.[27]

Ao fim da guerra, os heróis do prédio do radar saíram para entrar os engenheiros de micro-ondas, ciência nuclear e comunicações. O *speech communication*, como se chamava então o estudo da comunicação como ato de fala ou produção de discurso, virara uma disciplina importante, graças à guerra, e uma verdadeira *hard science*. O ângulo das comunicações também abriu as portas do Edifício 20 a um par de ciências humanas, a saber: línguas modernas e... linguística. Os linguistas foram jogados frente a frente com os engenheiros... e seu brilho. Os engenheiros viviam iluminados, todos eles, pela aura de vitoriosos guerreiros do radar. Em 1949, essa curiosa dupla – linguística e engenharia – realizou uma conferência conjunta no MIT.[28] Quanta excitação! A tal ponto que a partir de então as conferências não parariam mais... viriam em ondas. Os linguistas já estavam *ávidos* para se tornarem indistinguíveis dos engenheiros. Desde o começo enfeitavam seus artigos com suficientes equações esotéricas, algoritmos e gráficos (os mais científicos dos elementos visuais), para superar até Morris Swadesh e seus glotocronologistas. E as línguas? Eles aprendiam uma língua após a outra, exibindo-as orgulhosamente feito peles de animais penduradas no cinto.

CAPÍTULO IV

NOAM CARISMA

NINGUÉM NO MUNDO acadêmico já testemunhara um desempenho como aquele, nem sequer ouvira falar de algo assim. Em apenas cinco anos, 1953-1957, um formando da Universidade da Pensilvânia – um *estudante* de vinte e poucos anos – passou a dominar todo um campo de estudos, a linguística, e o virou de ponta-cabeça: pegou uma ciência social esponjosa e a "endureceu" como uma verdadeira ciência, uma *hard science*, carimbando seu nome nela: Noam Chomsky.

Oficialmente, segundo seu currículo, Chomsky ainda estava matriculado na Universidade da Pensilvânia, onde completara o curso de graduação. Na hora de dormir e no fundo do coração, porém, ele estava morando em Boston, como membro da Harvard's Society of Fellows, e já criando uma reputação própria de nível harvardiano, enquanto trabalhava em sua dissertação de doutorado na Pensilvânia.*

Nessa época, meados dos anos 1950, chegava ao auge a "cientifização" que virara moda pouco depois da Segunda Guerra Mundial. Endureçam! Deem uma aparência científica a tudo que fizerem, seja lá o que for. Abandonem o estigma de estudar uma "ciência social"! Àquela altura, "social" significava mole. Os sociólogos, por exemplo, deveriam observar e registrar de hora em hora conversas, reuniões, correspondências, manifestações objetivas de questões de status, tornando essas informações realmente duras ao convertê-las em algoritmos cheios de símbolos numéricos que lhes dessem um ar de certeza matemática... e fracassaram totalmente. Somente Chomsky, na linguística, conseguiu fazer isso e endurecer todas, ou quase todas, as cabeças de miolo mole da área. Antes mesmo de receber seu diploma de doutorado, ele já fora convidado a dar palestras nas universidades de Chicago e Yale, onde apresentou uma teoria da linguagem radicalmente nova. A linguagem não era algo que se *aprendia*. Você já nascia com um "órgão da linguagem" embutido. O órgão começava a funcionar no momento em que você vinha ao mundo, tal como seu coração e seus rins, que já chegam bombeando, filtrando e excretando a mil por hora.[1]

---

* Em *Language and Politics* (1988), Chomsky escreve que sua dissertação original ("que na época quase ninguém examinou") fazia parte de um manuscrito de mil páginas que ele escrevera quando ainda estudante universitário. Segundo Robert F. Barsky, a banca de dissertação aprovou Chomsky depois de ler apenas um capítulo. Ver *Noam Chomsky: A Life of Dissent* (Cambridge, MA: MIT Press, 1997), 83.

Para Chomsky, pouco importava a língua materna da criança. Fosse qual fosse, o órgão da linguagem de qualquer criança poderia usar a "estrutura profunda", a "gramática universal" e o "dispositivo de aquisição da linguagem" com que ela nascia para exprimir o que tinha a dizer, pouco importando se isso saía de sua boca em inglês, em urdu ou nagamês. Era por isso que, como dizia Chomsky repetidamente, as crianças começavam a falar tão cedo na vida... e de forma tão gramaticalmente correta. Elas já nasciam com o órgão da linguagem no lugar e a energia LIGADA. Aos dois anos, geralmente, já conseguiam falar frases inteiras e criar outras completamente originais. O "órgão", a "estrutura profunda", a "gramática universal", o "dispositivo"... como Chomsky explicava, o sistema era físico, empírico, orgânico, biológico. O poder do órgão da linguagem fazia a gramática universal fluir pelos dutos linguísticos da estrutura profunda para nutrir o DAL, como todos da área já chamavam o "dispositivo de aquisição da linguagem" que Chomsky descobrira.[2]

Dois anos depois, em 1957, quando já tinha 28 anos, Chomsky juntou tudo isso em um livro com o título opaco de *Estruturas sintáticas* e começou a se transformar no maior nome dos 150 anos de história da linguística. Ele levou a disciplina para um ambiente fechado e virou-a de pernas para o ar. Havia milhares de línguas na Terra, o que aos terráqueos parecia uma desanimadora Babel de proporções bíblicas.

Foi então que surgiu o futuramente famoso linguista marciano de Chomsky. Um linguista marciano que chegasse à Terra, dizia ele frequentemente... frequentemente... frequentemente... perceberia de imediato que todas as línguas neste planeta eram uma só, com apenas alguns pequenos sotaques locais. E o tal marciano chegava à Terra durante quase todas as palestras de Chomsky sobre a linguagem.

Somente com certa fadiga é que Chomsky conseguia tolerar os linguistas tradicionais que, como Swadesh, pensavam ser fundamental o trabalho de campo e acabavam em lugares primitivos, sempre se erguendo do capinzal enquanto abotoavam as calças. Eles pareciam aqueles papa-moscas ordinários da época de Darwin, voltando do meio do nada com seus sacos cheios de pequenos fatos e alardeando sua adorada *fluência* multilingue. Que diferença fazia, porém, saber todas aquelas línguas nativas? Chomsky deixava claro que estava elevando a linguística à altitude dos valores universais, transcendentes e eternos de Platão e do tal marciano. Eram eles, e não os sacos de fatos dispersos, que formavam a realidade última, os únicos objetos verdadeiros do conhecimento.[3] Além disso, ele não gostava do ar livre, onde ficava "o campo", e só sabia uma língua, inglês. Não dava para contar iídiche e hebraico, falados no lar em que fora criado. Ele estava deslocando o campo para o Olimpo. Não só isto: estava dando aos linguistas permissão para permanecerem em um ambiente com ar-condicionado. Eles não precisariam deixar seus prédios, nunca mais... não haveria mais expedições para entrevistar idiotas em choças fedorentas e úmidas. E ali no Olimpo havia água encanada.

Chomsky tinha uma personalidade e um carisma iguais aos de George Cuvier na França do início do século XIX. Cuvier tinha uma beligerância orquestrada, indo desde uma argumentação adocicada até explosões de fúria retoricamente elegante e perfeitamente calculada. Em contraposição, nada no carisma de Chomsky era elegante. Ele falava em tom monótono e jamais erguia a voz, mas seus olhos queimavam feito raios laser qualquer desafiante, com uma expressão de autoridade absoluta. Ele não estava debatendo com o sujeito, simplesmente o tolerava. Algo no tom e no semblante imutáveis de Chomsky transformava em geleia o poder de raciocínio de qualquer desafiante.

Figuras carismáticas de vinte e poucos anos de idade não são raras. Em novos movimentos religiosos, por exemplo, tendem até a ser a regra, não a exceção: Joseph Smith, dos mórmons... Siddhartha Gautama, o Buda... David Miscavige, um "prodígio" da cientologia e sucessor escolhido a dedo por L. Ron Hubbard... o Báb, predecessor da fé Baha'i... Barton Stone e Alexander Campbell, das Igrejas Internacionais de Cristo... Charles Taze Russell, das Testemunhas de Jeová... e Moishe Rosen, dos Judeus por Jesus. Ocorre o mesmo na guerra: o supracitado Lamarck, um recruta de 17 anos que assumiu o comando de uma companhia de infantaria no meio da batalha... Joana d'Arc, uma jovem camponesa francesa que se tornou general do Exército e a maior heroína da história francesa aos 19 anos... Napoleão Bonaparte, que aos 29 anos já tinha vitórias sobre as forças monarquistas francesas, bem como sobre os austríacos e o Império Otomano... Alexandre, o Grande, que conquistou uma boa parte do mundo helênico antes de seu trigésimo aniversário... William Wallace, Guardião da Escócia, que aos 27 anos conduziu os escoceses à vitória sobre os ingleses na Batalha de Stirling Bridge.

Esses líderes carismáticos irradiam mais do que simples confiança. Irradiam autoridade. Não contam piadas ou falam de forma irônica, a não ser para repreender alguém, como em "Por gentileza me poupe da sua 'originalidade', sim?". A ironia, assim como o humor comum, invariavelmente implica indulgência com alguma fraqueza humana. Já as figuras carismáticas só demonstram força. Elas se recusam a ceder diante de ameaças, inclusive físicas. Geralmente são profetas de alguma nova ideia ou causa.

A ideia de Chomsky, o "órgão da linguagem", gerou grande entusiasmo entre os linguistas jovens. Ele fazia o campo de trabalho parecer mais elevado, mais bem estruturado, mais científico, mais conceitual, mais no plano de Platão, e não apenas um enorme amontoado de dados que os pesquisadores de campo traziam de lugares de que às vezes ninguém ouvira falar antes.[4] A linguística já não significaria trabalhar no campo, entre mais raças de povos nati... hum... *indígenas*... que alguém jamais sonhara que existiam. Graças ao sucesso de Chomsky, a linguística se elevou, deixando de ser um mero satélite que orbitava os estudos de línguas, e virou o principal acontecimento revolucionário. Disparou o número de departamentos de linguística plenamente organizados, assim como o número de pesquisadores de campo. O trabalho de campo já não era uma exigência, no entanto, e mais linguistas do que aqueles que ousavam confessá-lo ficaram aliviados por se livrarem da desagradável tarefa de sair ao ar livre, como fazia Morris Swadesh. Na vida dos linguistas, as coisas deviam ser descobertas sob um teto, junto a uma mesa, lendo publicações acadêmicas apinhadas de letras... e não diante de um bando de rostos retardados em uma nuvem de mosquitos.

Sua descoberta radical (o órgão da linguagem) e seu carisma já haviam colocado Chomsky à frente da matilha. O fator mais decisivo para ele, porém, foi uma resenha que publicou na revista *Language*. O livro resenhado era *O comportamento verbal*, de B. F. Skinner, o psicólogo behaviorista que suplantara Freud como líder da matilha.[5] O behaviorismo radical de Skinner, como ele próprio dizia, virara o freudianismo pelo avesso. Freud tentava entrar na cabeça do seu paciente, de forma demasiadamente semelhante à de um feiticeiro vodu ou um Gilgamesh, ouvindo-o contar seus sonhos (*seus sonhos!*) ou quaisquer outros assuntos indizíveis que estivessem na sua mente consciente e interpretando tudo por meio de algumas fórmulas (até bastante simples, por sinal) já padronizadas. Exemplo disso eram os sonhos de voos em aviões e outras experiências que envolviam subidas rápidas e que sempre se referiam a orgasmos. Skinner reduzia tudo isso a puro "mentalismo".[6] Não interessava o que o paciente dizia ou sonhava, mas sim o que ele *fazia*, isto é, suas ações observáveis e seu comportamento, inclusive o comportamento verbal.

Toda descoberta behaviorista começava no laboratório, com um rato colocado em uma pequena câmara conhecida como caixa de Skinner: um recipiente do tamanho de um caixote de toalhas de papel, com uma barra em um dos lados. Mais cedo ou mais tarde, o rato aprende que, se pressionar a barra, o alimento cai em cima de uma pequena bandeja. Depois chega um momento em que o rato pressiona a barra... e não cai comida alguma. Gradualmente, o rato descobre que só receberá o alimento na *terceira* vez em que pressionar a barra, ou alguma outra mudança de ordem assim. Ao longo do tempo, o pesquisador pode continuar trocando a ordem, até o rato aprender a fazer coisas extraordinárias... como pressionar a barra, não receber alimento ou qualquer recompensa, até sair caminhando em círculo no sentido contrário ao do relógio, voltar e pressionar a barra novamente. A grande surpresa, escreveu Skinner, é descobrir que se pode "estender esses métodos ao comportamento humano", até o comportamento verbal, "sem modificações sérias".[7]

É mesmo? Diante disso, Chomsky pigarreia com polidez erudita, antes de pegar uma faca de desossar e botar mãos à obra. Seja lá o que ratos e pombos fazem em uma caixa, diz Chomsky, é algo que só pode ser aplicado ao comportamento humano complexo "da forma mais grosseira e superficial". E ele continua: "A magnitude do fracasso dessa tentativa [por parte de Skinner] de explicar o comportamento verbal... [é] uma indicação de quão pouco realmente se conhece acerca deste fenômeno notavelmente complexo."[8]

Tudo que Skinner faz, na visão de Chomsky, é usar o vocabulário técnico de experiências laboratoriais (como "controles", "probabilidades", "estímulo", "resposta" e "reforço"), "para criar a ilusão de uma rigorosa teoria científica", tirando as mesmas palavras da caixa do rato e esticando seu sentido o suficiente para abranger seres humanos existentes na vida real. Ele adora temperar sua prosa com o termo estatístico "probabilidades" para dar-lhe o sabor de precisão estatística... quando na realidade já esticou tanto esses termos rigorosos que "probabilidades" já não significa coisa alguma além de "provavelmente" ou, o que é ainda pior, "possivelmente". O rigoroso termo estatístico "controlar" é esticado até virar um desmilinguido "afetar". "Estímulo" acaba virando um débil "para começar", e assim por diante; ou então, todos resultam em absolutamente nada e acabam sendo totalmente "vazios".[9]

Skinner, diz Chomsky, parece acreditar que na ciência o jeito de maximizar uma tese é gerar, nas palavras do próprio Skinner, "variáveis adicionais para aumentar sua probabilidade" e sua força. "Se levarmos esta sugestão ao pé da letra", diz Chomsky, "o grau de confirmação de uma afirmação científica pode ser medido como uma função simples de volume, tom e frequência com que se proclama essa afirmação, e um procedimento geral para aumentar seu grau de confirmação seria, por exemplo, apontar metralhadoras para grandes multidões de pessoas que foram instruídas a gritá-la."[10]

Para Skinner, diz Chomsky, "Um exemplo típico de 'controle de estímulo' seria responder a uma peça musical proferindo a palavra 'Mozart' ou a um quadro com a palavra 'holandês'. Tais respostas são descritas como estando 'sob o controle de propriedades extremamente sutis' do objeto ou evento físico. No entanto, suponhamos que, em vez de dizer 'holandês', tivéssemos dito 'Não combina com o papel de parede', 'Pensei que você gostasse de arte abstrata', 'Nunca vi esse antes', 'Torto', 'Pendurado baixo demais', 'Lindo', 'Pavoroso', 'Lembra-se de nossa viagem de acampamento no verão passado?', ou qualquer outra coisa que nos viesse à cabeça enquanto estivéssemos olhando para uma pintura... Skinner só poderia dizer que cada uma dessas respostas está sob o controle de alguma outra propriedade-estímulo do objeto físico. Tal artifício é tão simples quanto vazio".[11]

Chomsky vai triturando Skinner ao longo de vinte mil palavras, usando as expressões "vazio", "totalmente vazio", "totalmente falso", "completamente sem sentido", "perfeitamente inútil", e outras do mesmo tipo, repetidamente... além de "vago"... "completo recuo à psicologia mentalista"... "meras paráfrases do vocabulário popular" (que aparece na mesma página de "perfeitamente inútil", "vago" e "igualmente vazio")... "sério delírio"... "sem interesse concebível"... "faz de conta científico"... "Isto simplesmente não é verdade"... "sem base factual"... "especulação muito implausível"... "inteiramente sem sentido e vazio"...[12]

... *vazio vazio vazio* até não restar quase nenhuma tese defendida por Skinner em *O comportamento verbal* que Chomsky não tenha explodido e mandado pelos ares. Com esta única resenha, ele demoliu o livro, cavou um buraco no chão sob a teoria do behaviorismo (que jamais voltou a se colocar de pé) e relegou B. F. Skinner à história. Ninguém no mundo acadêmico já testemunhara tamanha demonstração de poder. Muitos anos mais tarde, Chomsky disse que desde o começo seu objetivo fora reduzir o behaviorismo a um absurdo. E foi isso que fez. Noam Chomsky virou uma força com que ninguém da área ousava brincar. E em pelo menos um exemplo registrado de confronto com alguém sobre o tema do órgão da linguagem, Chomsky até se saiu com brio. O escritor John Gliedman fez a Chomsky a Pergunta: ele estava dizendo que descobrira uma parte da anatomia humana em que todos os anatomistas, médicos, cirurgiões e patologistas do mundo jamais haviam posto os olhos?

Não era uma questão de pôr os olhos, indicou Chomsky, porque o órgão da linguagem ficava localizado dentro do cérebro.[13]

Então ele estava dizendo que um órgão, o órgão da linguagem, ficava dentro de outro órgão, o cérebro? Mas os órgãos são, por definição, entidades individuais. "Há um lugar especial no cérebro e um tipo específico de estrutura neurológica que abriga o órgão da linguagem?", perguntou Gliedman.

"Muito pouco se conhece sobre os sistemas cognitivos e sua base neurológica", disse Chomsky. "Mas realmente parece que a representação e o uso da linguagem envolvem estruturas neurais específicas, embora sua natureza não seja bem compreendida."[14]

Era apenas uma questão de tempo, sugeria Chomsky, até que a pesquisa empírica substanciasse a sua análise. Ele parecia estar à beira de fazer a mais importante descoberta anatômica desde que William Harvey descobrira o sistema circulatório em 1628.

Em 1960, o reinado de Noam Chomsky na linguística já era tão supremo que outros linguistas eram reduzidos a preencher lacunas e fornecer notas de rodapé para ele. Qualquer vulto notável que persistisse em desafiar a autoridade de Chomsky era sumariamente acusado por ele de ser uma "fraude", um "mentiroso" ou um "charlatão". Ele chamou B. F. Skinner,[15] Elie Wiesel,[16] Jacques Derrida[17] e "a comunidade intelectual americana"[18] de fraudes. Chamou Alan Dershowitz,[19] Christopher Hitchens[20] e Werner Cohn[21] de mentirosos. Pregou o rótulo de *charlatão* no famoso psiquiatra francês Jacques Lacan[22]... e viria a pregar outro mais tarde[23]...

Não foi muito elegante... mas ao menos ele fez todo mundo da área despertar de um coma que já durava 77 anos. De repente todo o mundo acadêmico, inclusive antropólogos e sociólogos, descobrira a linguística. Chomsky fornecera a eles toda a estrutura, anatomia e fisiologia da linguagem como um sistema.

Restava, porém, o intrigante problema de entender exatamente *o que aquilo era*: a criação das *palavras* em si, os sons específicos e como eles se encaixavam, a mecânica do maior poder isolado conhecido pelo homem. *Como as pessoas fazem isso?* E os olhos de todos se arregalaram, como se ninguém houvesse pensado naquilo antes. Começou a brotar algo que acabaria virando uma coleção de milhares de artigos e documentos para congressos, eram tantos que Müller esgotaria suas teorias jocosas se fosse debochar deles.

Um dos exemplos mais reveladores do poder de Chomsky foi a apresentação que o linguista Alvin Liberman fez de sua *teoria motora*, que tratava das interpretações visuais das interações face a face. Nem por um instante sequer Liberman aceitara o "órgão da linguagem" de Chomsky. Mas ele levou vários anos para criar coragem suficiente e dizer publicamente o que realmente pensava.*

Em 1974, os linguistas William Stokoe (da Universidade Gallaudet, para surdos), Gordon Hewes e Roger Westcott organizaram um dos clássicos da linguística na segunda metade do século XX, *Language Origins*, afirmando orgulhosamente que haviam preenchido uma lacuna de *Estruturas sintáticas*, de Chomsky.**

Então foram surgindo outros linguistas e antropólogos, todos com a intenção de reforçar o grande edifício de Chomsky com

---

* Em "An Oral History of Haskins Laboratories", Frank Cooper e Katherine Harris, colegas de Liberman, recordam o desenvolvimento da teoria motora com ele. Mais adiante na mesma entrevista, Harris descreve um artigo de 1964 como "o primeiro ataque direto a Chomsky e Halle". Uma transcrição dessa entrevista, conduzida por Patrick W. Nye em 1988, está disponível no site dos Laboratórios Haskins, em http://www.haskins.yale.edu/history/OH/HL_Oral_History.pdf.

** Ao estenderem a gramática gerativa à linguagem de sinais, os autores davam sustentação a algumas teorias de Chomsky, mas discordavam de outras.

evidências... a *teoria gestual*... a *teoria do* big brain... a *teoria da complexidade social*... e assim por diante...

... e mais e mais estudiosos sentavam-se diante da mesa, todos feito pequenos Chomskys, tentando resolver os mistérios da linguagem somente com poderes mentais. Os resultados não eram eletrizantes. Não obstante, Chomsky trouxera o ramo inteiro de volta à vida.

Em fevereiro de 1967... *zás!*... Chomsky decolou, atravessou o teto daquele mundinho da linguística deles e iluminou o céu... com uma denúncia, feita em doze mil palavras, do papel da América na Guerra do Vietnã, intitulada "A responsabilidade dos intelectuais". A *New York Review of Books*, o mais conceituado órgão da Nova Esquerda na era vietnamita, publicou a obra sob a forma de um suplemento especial.[24]

O trabalho representou um choque além das expectativas, jamais modestas, do próprio Chomsky. Do primeiro ao último parágrafo, atacava os governantes "capitalistas" dos Estados Unidos, sua imprensa servil e seus intelectuais ora apáticos, ora maleáveis. Chomsky revirava o país feito um tronco encharcado, expondo os podres podres podres por baixo. Ele acusava os Estados Unidos de "violentos bombardeios aterrorizantes contra civis, aperfeiçoados como técnica de guerra pelas democracias ocidentais, culminando em Hiroshima e Nagasaki, certamente entre os crimes mais indizíveis da história". E o Vietnã? "Mal conseguimos evitar nos perguntar a que ponto o povo americano é responsável pela selvagem agressão americana à população rural, majoritariamente indefesa, do Vietnã, mais uma atrocidade que os asiáticos veem como a 'era Vasco da Gama'", ou seja, imperialista, "da história mundial. Quanto a aqueles de nós que ficaram em silêncio apático, enquanto esta catástrofe se consumava ao longo dos doze últimos anos... em qual página da história acharemos um lugar adequado? Somente os mais insensíveis podem fugir destas perguntas."

"É responsabilidade dos intelectuais", dizia ele, "falar a verdade e denunciar mentiras. Isto, ao menos, pode parecer um truísmo a ponto de nem sequer merecer comentário. No entanto, não é assim. Para o intelectual moderno, isso não é nada óbvio."

Era um deus irado fazendo chover fogo e enxofre, não apenas sobre os terráqueos que cometiam crimes bestiais, mas também sobre os anjos ungidos que haviam se tornado complacentes, corruptos e silenciosos, a ponto de já serem cúmplices das próprias forças do Mal, das quais tinham o dever sagrado de proteger a humanidade.

Foi essa repreensão aos intelectuais que fez de "A responsabilidade dos intelectuais" mais do que apenas um ensaio provocante, escrito por um linguista eminente. A coisa se tornou um *evento*, um acontecimento da magnitude de *J'Accuse*, de Émile Zola, em 1898, durante o caso Dreyfus na França... quando Georges Clemenceau, um socialista radical (que posteriormente foi primeiro-ministro da França por duas vezes), transformara o adjetivo "intelectual" em um substantivo: "o intelectual". Nessa altura, o novo termo "os intelectuais" substituiu a antiga expressão "a clerezia". Zola, Anatole France e Octave Mirbeau eram *os intelectuais* mais proeminentes na cabeça de Clemenceau, mas ele de forma alguma restringia tal honorífico a escritores. Qualificava-se a isso qualquer um (envolvido de qualquer forma em arte, política, educação e até jornalismo) que discutisse as Coisas Mais Elevadas com um ponto de vista considerado, de maneira ao menos vagamente satisfatória, socialista. Portanto, desde o começo *o intelectual* foi uma figura difícil de definir, e na verdade bastante indistinta, que exalava ares (ao menos isto, ares) de algum tipo de consciência esquerdista, em termos de politização e alienação.

Chomsky se revelou perfeito para o papel, e não apenas por causa de seu carisma acadêmico. Mais importante do que isso foi seu senso de oportunidade. Ele soube explorar um tremendo golpe de sorte: *outra guerra!* E desta vez em um pequeno país no Sudeste Asiático. Era uma guerra pequena, comparada à Segunda Guerra Mundial, mas que tinha um impacto de severidade comparável nas universidades e faculdades americanas. O recrutamento fora recolocado em vigor. Estudantes do sexo masculino se levantavam para protestar, acompanhados pelas meninas, e os membros do corpo docente se uniam a eles para cantar até o último acorde do seu hino, "I Feel Like I'm Fixin' to Die Rag" (a ser substituído, dois anos mais tarde, por "Give Peace a Chance"). Em 1967, uma pressão tremenda, pressão social, começou a crescer entre *os intelectuais*: provar que eles eram mais do que apenas espectadores na arquibancada, torcendo pelos bravos membros do Movimento. Chegara a hora de provar que você era um "ativista", isto é, um *valente* intelectual disposto a sair do gabinete, ir às ruas e participar de manifestações contra a guerra. A pressão sobre figuras como Chomsky, que só tinha 38 anos, era intensa. Ele fez a sua parte: saiu de sua sala e foi participar da manifestação mais alardeada de todas, a Marcha ao Pentágono em 1967. Provou que era autêntico. Deixou-se prender e acabou na mesma cela de Norman Mailer,[25] "ativista" da variedade conhecida como radical chique. Um ativista radical chique sempre se deixava prender no fim da manhã ou começo da tarde, em clima temperado. Então era autuado e solto a tempo de chegar ao Electric Circus, que naquele ano era o *point* do século da noite nova-iorquina, para contar suas histórias de combate. Chomsky fundou uma organização chamada Resist e passou a se deixar prender tantas vezes que sua mulher já temia que o MIT finalmente se cansasse e o despedisse. Ela própria começou a estudar linguística, caso precisasse começar a dar aulas para sustentar a família.

Ninguém parecia perceber, mas o movimento contra a guerra fizera despertar em Chomsky algumas convicções políticas bem reais, datadas da sua infância; podia-se até pensar que eram ideias há muito ressecadas e irrelevantes. Ele nasceu e foi criado na Filadélfia, mas seus pais estavam entre as dezenas de milhares de judeus asquenazes que fugiram da Rússia depois do assassinato do czar Alexandre II em 1881.[26] Os anarquistas judeus foram (falsamente) apontados como os assassinos, deflagrando ondas dos mais sangrentos *progroms* da história. Além disto, milhares de judeus foram removidos à força de seus lares em Moscou, São Petersburgo ou regiões adjacentes e conduzidos, alguns até acorrentados, ao chamado Pale de Assentamento, um gueto geográfico ao longo da fronteira ocidental da Rússia. Eles se arriscavam a ser severamente punidos caso se aventurassem além do Pale... *pale*, significando paliçada, cerca, uma linha de demarcação. Mesmo dentro do Pale, eram proibidos de entrar em cidades como Kiev e Nikolaev, de possuir ou até alugar propriedades, de ter instrução universitária ou de exercer certas profissões. Em 1910, noventa por cento dos judeus-russos (5,6 milhões ao todo) estavam confinados ao Pale.[27]

O anarquismo fora uma reação bastante lógica a isso. A palavra "anarquia" significa, literalmente, "sem governantes". Os judeus que fugiam do ódio racial na Rússia traduziam isso não apenas como nada de czares... mas também como nada de autoridades de qualquer tipo, nada de funcionários públicos, nada de polícia, nada de exército, nada de tribunais, nada de juízes, nada de carcereiros, nada de bancos, *nada de dinheiro*, nada de qualquer sistema financeiro... em suma, nada de governo e também nada de classes sociais. O sonho era ter uma terra feita inteiramente de comunas (não muito diferente das comunidades hippies dos Estados Unidos nos anos 1960).

Era um sonho... um sonho cheio de papo papo papo, com infindáveis teorias teorias teorias, até que... ¡milagroso! ¡maravilla!... mais da metade de uma nação importante, a Espanha, foi tomada por *cooperativas* anarquistas durante os dois primeiros anos, 1936-1938, da Guerra Civil Espanhola... quando os legalistas, como eles eram conhecidos, ocuparam o poder.[28] Já em 1939 o general Francisco Franco e suas tropas esmagaram os legalistas em um dos últimos bastiões deles, Barcelona, levando àquele memorável brado de cusparada-de-culpa-no-seu-olho: "Onde *você* estava quando Barcelona caiu?"

Noam Chomsky, do alto de seus dez anos, estava na Filadélfia quando Barcelona caiu. Ele ficou tão tocado com a notícia que a queda virou o tema do seu primeiro artigo a ser publicado... no jornal estudantil da escola progressista, filiada à linha de John Dewey, que Noam frequentava. Era um texto em que ele denunciava Franco como "fascista".[29] Sua visão política, o anarquismo, parece ter sido formada, fixada para sempre, naquele momento. Ou talvez a palavra seja prefixada... prefixada em um *shtetl* na Rússia, meio século antes do seu nascimento. Depois, já aos 38 anos, ele injetou tantos jargões marxistas em "A responsabilidade dos intelectuais" que as pessoas passaram a vê-lo como parte da esquerda radical, quando não um comunista puro e simples. Só que Chomsky também vivia denunciando a União Soviética e o marxismo-leninismo juntamente com o capitalismo e os Estados Unidos. Ele estava acima dessas batalhas vulgares. Era um deus irado, falando de um plano mais elevado.

A audácia de Chomsky, bem como sua exótica visão da vida, inspirada no Velho Mundo, no Leste Europeu, eram coisas que a maioria dos intelectuais achava encantadoras, pois àquela altura, 1967, a oposição à Guerra do Vietnã já virara algo mais forte do que uma paixão... a saber, uma moda, um certificado de que a pessoa se elevara acima do rebanho. Isso disparou o que os economistas chamavam de efeito multiplicador. O posicionamento político de Chomsky realçou sua reputação de grande linguista, e esta sua reputação de grande linguista realçou aquela sua reputação de Sólon político, e a reputação de Sólon político transformou a reputação do grande linguista na de um grande gênio, e esse gênio fez o tal Sólon virar um verdadeiro Voltaire, e o verdadeiro Voltaire fez o tal gênio dos gênios virar um gigante filosófico... Noam Chomsky.

Até mesmo no mundo acadêmico já não importava se alguém concordava ou não com as opiniões políticas ou acadêmicas de Chomsky... pois a fama o envolvia feito uma armadura dourada.

De 1967 em diante, os superlativos passaram a jorrar sem parar. Em 1979, o *New York Times* publicou uma resenha dominical de *Linguagem e responsibilidade*, de Chomsky (intitulada "O Problema Chomsky", de Paul Robinson), que começava assim: "Julgado em termos do poder, do alcance, da novidade e da influência do seu pensamento, Noam Chomsky é, possivelmente, o mais importante intelectual vivo no mundo hoje."[30] Em 1986, no Índice de Citações de Artes & Humanidades da Thomson Reuters, que rastreia a frequência com que autores são mencionados no trabalho de outros autores, Chomsky apareceu em oitavo lugar, em ótima companhia, pois os sete primeiros eram Marx, Lenin, Shakespeare, Aristóteles, a Bíblia, Platão e Freud.[31] Uma pesquisa sobre pensadores mundiais, realizada conjuntamente por *Prospect* e *Foreign Policy* em 2005, descobriu que Chomsky era o intelectual número um do mundo, com o dobro de votos do segundo colocado (Umberto Eco).[32] E na lista de "Heróis do nosso tempo", feita pela *New Statesman* em 2006, em que os heróis eram principalmente batalhadores por justiça e direitos civis que haviam sido encarcerados pela Causa, como Nelson Mandela, o ganhador do prêmio Nobel da Paz (1993), que cumprira 27 anos de uma pena de prisão perpétua por tramar a derrubada violenta do governo sul-africano, ou outro ganhador do prêmio Nobel, Aung San Suu Kyi, que na época estava em prisão domiciliar em Myanmar... Chomsky chegou em sétimo.[33] Suas passagens pela cadeia eram daquele tipo protocolar, que raramente faz o transgressor deixar de jantar fora. Mas seu status compensava o tempo jamais-perdido. Um perfil de Chomsky feito pela *New Yorker* em 2003, intitulado "O contador do diabo", dizia que ele era "uma das maiores mentes do século XX, e uma das mais vilipendiadas".[34] Em 2010, a Enciclopédia Britânica incluiu Chomsky no seu livro *Os cem filósofos mais influentes de todos os tempos*, junto com Sócrates, Platão, Aristóteles, Confúcio, Epiteto, São Tomás de Aquino, Moisés Maimônides, David Hume, Schopenhauer, Rousseau, Heidegger, Sartre... em outras palavras, as maiores mentes da história mundial.[35] Aquilo não era ótima companhia, era um rol dos imortais.

Em seu novo papel de eminência, Chomsky passou a lançar raios sobre os malfeitores lá embaixo, incessantemente, em um ritmo estonteante... 118 livros, com títulos como *Consenso fabricado: a economia política e os meios de comunicação de massa* (escrito com Edward S. Herman)... *O império americano: hegemonia ou sobrevivência... O lucro ou as pessoas: neoliberalismo e a ordem mundial... Estados fracassados* (que incluía enfaticamente os Estados Unidos)*: o abuso de poder e o ataque à democracia*... uma média de dois livros por ano... 271 artigos, a um ritmo de 4,7 por ano[36] ... inúmeras palestras contratadas, que finalmente tiraram Chomsky do gabinete, metendo-o em aviões a caminho de púlpitos distantes.

Ao mesmo tempo, sua produção de artigos linguísticos continuou forte, chegando ao ápice em 2002, com a teoria da recursividade proposta por ele e mais dois colegas.[37] A recursividade consiste, dizia ele, em inserir uma frase, uma ideia, dentro de outra, em uma série que teoricamente podia ser infinita. Por exemplo, uma frase como "Ele concluiu que, agora que as chances dela haviam se queimado, poderia brilhar e conquistar a fama por que sempre ansiara". Inseridas dentro da ideia que começa com "Ele concluiu que" estão quatro outras ideias, uma dentro da outra: "as chances dela haviam se queimado", "ele poderia brilhar", "poderia conquistar a fama" e "por que sempre ansiara". Portanto, cinco ideias, começando com "Ele concluiu que", estão dobradas e subdobradas dentro de 22 palavras... *recursividade*. Aparentemente, a descoberta da recursividade era uma proeza histórica. Toda língua dependia da recursividade... *toda* língua. A recursividade era *a única capacidade* que distinguia o pensamento humano de todas as outras formas de cognição... a recursividade explicava a predominância do homem entre todos os animais do globo.

Recursividade! Já não se tratava apenas de uma teoria, e sim de uma *lei!*. Tal como a lei da gravidade de Newton. Os objetos não caíam a certa velocidade na maior parte do mundo... embora mais devagar na Austrália e mais depressa nas ilhas Canárias. A gravidade era uma *lei* que nada conseguia quebrar. Da mesma forma, a recursividade era uma recém-descoberta lei da vida na Terra. *Recursividade!* Aquilo era o tipo de coisa que podia erguer alguém a um platô no Olimpo, ao lado de Newton, Copérnico, Galileu, Darwin, Einstein... ou Noam Chomsky.

CAPÍTULO V

O QUE O PAPA-MOSCAS PEGOU

EM 2005, NOAM CHOMSKY estava voando muito alto. Na realidade, muito alto não descreve bem a altura. O homem estava... *em*... *órbita*. Formara todo um campo de estudos à sua imagem e semelhança, carimbando seu nome em cima. Sempre que alguém mencionava o assunto linguística, duas palavras inevitavelmente surgiam: Noam Chomsky. Afinal, em 2002, aos 73 anos, ele já era um professor emérito, havia superado até a si mesmo. Descobrira e, como autoridade reinante na linguística, *decretara* a Lei de Recur...

Uuuii! – bem no plexo solar! –, um artigo de 25 mil palavras na edição de agosto-outubro de 2005 da *Current Anthropology*, intitulado "Restrições culturais na gramática e cognição do pirahã", escrito por um certo Daniel L. Everett. Aparentemente, o pirahã era uma língua falada por uma tribo com algumas centenas de membros (as estimativas iam de 250 a 500), os pirahãs, isolados nas profundezas da vasta bacia amazônica brasileira (que ocupa sete milhões de quilômetros quadrados, ou cerca de quarenta por cento de toda a massa continental da América do Sul). Via de regra, Chomsky ficava mortalmente entediado com todas essas línguas minúsculas que antiquados papa-moscas, feito Everett, continuavam trazendo lá "do campo". Aquele artigo, porém, era uma afronta dirigida diretamente a ele (citado nominalmente) e que batia em duas teclas: primeira, esta específica língua minúscula, o pirahã, não tinha qualquer recursividade, nenhuma, o que de imediato reduzia a *lei* de Chomsky a apenas mais uma característica encontrada principalmente em línguas ocidentais; e segunda, era a cultura própria e distinta dos pirahãs, seu estilo de vida único, que moldava aquela língua... e não qualquer "órgão da linguagem", "gramática universal", "estrutura profunda" ou "dispositivo de aquisição da linguagem" que todas as línguas tinham em comum, conforme Chomsky afirmava.

Era inacreditável aquele ataque! Porque Chomsky se lembrava do autor, Daniel L. Everett, muito bem. Pelo menos vinte anos antes, nos anos 1980, Everett passara um período como pesquisador visitante no MIT, enquanto fazia doutorado em linguística na Universidade Estadual de Campinas, no Brasil. Na época, ele era um chomskyete incondicional.* Tinha uma sala bem na frente da do próprio Chomsky. Em 1983, Everett obteve

---

* Era mesmo. Everett começou sua carreira acadêmica em linguística como um acólito chomskyano de pleno direito. Seu primeiro trabalho tencionava aplicar o modelo chomskyano à língua pirahã e criar justificativas quando a coisa não funcionava bem. Everett levou anos para perceber que sua aderência às crenças chomskyanas estava impedindo que ele decifrasse o pirahã.

seu doutorado em Campinas com uma devota tese chomskyana, e não parou por aí. Em 1986, reescreveu a tese, transformando-a em um verbete de 126 páginas para o *Handbook of Amazonian Languages*.[1] Era quase uma homenagem a Chomsky. Depois de terminar o doutorado, Everett passou a interromper periodicamente seu trabalho junto aos pirahãs para lecionar em Campinas, na Universidade de Pittsburgh, como catedrático do Departamento de Linguística, e na Universidade de Manchester, na Inglaterra, onde era professor de fonética e fonologia. E foi lá que ele escreveu seu fatídico artigo para a *Current Anthropology* sobre a restrição cultural dos pirahãs.[2]

Em 22 anos como professor ocasional, Everett já escrevera três livros e quase setenta artigos para publicações acadêmicas, sendo a maioria sobre seu trabalho com os pirahãs. Foi aquele texto, porém, que pela primeira vez causou estrondo. O artigo virou um dos dez mais citados nos cinquenta e poucos anos de história da *Current Anthropology*.

A explosão, porém, não provocou qualquer exclamação de *Aaahhh!*, que dirá *Eureca!*, nas pessoas da área. Pelo contrário. Noam Chomsky e seus chomskyetes *eram* da área. Everett lhes parecia um Alfred Russel Wallace renascido, ou seja, aquele forasteiro sem noção que penetra na festa dos grandes pensadores. Olhem só para ele! Everett era tudo que Chomsky não era: um homem forte e habituado ao ar livre, duro na queda, com uma barba ruiva e uma espessa cabeleira também ruiva. Ele poderia se passar por um vaqueiro ou um perfurador de gás da Virgínia Ocidental. Mas é claro! Everett era um antiquado papa-moscas, que inexplicavelmente estava ali, no meio de linguistas modernos adeptos de ar-condicionado e poltronas, com seus rostos pálidos devido à radiação azulada das telas de computadores e suas camisas abertas falsamente viris. Eles nunca se afastavam do computador, muito menos do prédio. Isso para não falar da origem pessoal de Everett... ele vinha de uma cidade californiana chamada Holtville, que era pequena, remota, poeirenta, tacanha e quente demais (temperatura média entre 38 e 46 graus de junho a setembro), lá perto da fronteira mexicana. Seu pai dava expediente parcial como caubói e integral como bebum ou biscateiro. O pai e a mãe de Everett haviam se casado ainda adolescentes e se separaram quando Everett ainda não tinha nem dois anos. Quando ele tinha 11 anos, sua mãe estava em um restaurante, cambaleando embaixo de uma bandeja cheia de pratos sujos, quando desabou com um estrondo e morreu devido a um aneurisma.

O pai de Everett reaparecia de quando em quando, tentando fazer o melhor pelo filho. Este "melhor" consistia nas lições de vida que ele lhe dava, tal como levar o garoto, então com 14 anos, a um puteiro mexicano para perder a virgindade... e então socando a porta da piranha, antes de berrar para o filho: "Jesus Cristo, por que você está demorando tanto?"... pois seria a vez *dele*, papai, logo a seguir.[3]

Desamparado, desesperançado, o garoto foi seguindo o fluxo rumo à frouxa e amoral vida lisérgica dos adolescentes dos anos 1960. Acabara de tomar LSD em uma igreja metodista, já imaginando como seria vivenciar o barato do ácido entre os arabescos decorativos daquele santuário, quando esbarrou com uma linda garota chamada Keren, mais ou menos da sua idade, com cabelos negros e lábios sensuais. Ele ficou tão loucamente apaixonado... o que importava que ela também tivesse uma força de vontade inflexível e ofuscantemente brilhante feito aço inoxidável?

Karen endireitou Everett bem depressa. Revelou ser uma metodista de *verdade*. Sua mãe e seu pai eram missionários. E ela converteu Everett em um átimo. Tal como os pais dele próprio, os dois também se casaram no fim da adolescência. Karen incentivou Everett a virar um metodista *evangelizador*, e os dois resolveram partir mundo afora como missionários, feito os pais dela. Passaram por vários anos de intenso treinamento linguístico no Moody Bible Institute de Chicago, fundado por Dwight Moody, um evangelista muito popular no fim do século XIX, e no Summer Institute of Linguistics, dirigido por Ken Pike, um cristão evangélico. Eram academias rigorosas e difíceis, sem espaço para brincadeiras. O programa do Summer Institute fornecia treinamento avançado em diversas línguas tribais e fazia os alunos passarem por quatro meses de treinamento de sobrevivência na selva, entre outros terrenos perigosos. O objetivo do Moody Institute e do SIL, como era chamado o Summer Institute of Linguistics, era produzir missionários que conseguissem transmitir a Palavra, ou a história de Jesus, a convertidos em potencial, na língua deles próprios, em qualquer lugar desta terra de Deus.*

Everett se revelou um aluno tão hábil que foi encorajado pelo SIL a ver o que poderia fazer com os pirahãs, uma tribo que vivia isolada perto de um dos quase quinze mil afluentes do

---

* Tanto o Moody Bible Institute (www.moody.edu) quanto o SIL (www.sil.org) ainda existem.

Amazonas, o rio Maici. Outros missionários já haviam tentado converter os pirahãs, mas nunca tinham conseguido aprender a língua deles, graças às construções gramaticais estranhas, que incluíam marcantes oclusivas glotais e mudanças de tom, além de uma versão que consistia inteiramente de pios de pássaros e assobios... para enganar as presas quando eles iam caçar.[4]

Demorou três anos, mas Everett finalmente dominou o idioma, inclusive a tal algaravia dos pássaros, e virou, até onde se sabe, o único estrangeiro a fazê-lo.* O pirahã era uma versão da língua mura, que parecia já ter desaparecido em todos os outros lugares.[5] Geograficamente, os pirahãs ficavam isolados. Não tinham vizinhos que os ameaçassem... ou interferissem. Ocorreu a Everett que ele estava diante de um povo que preservara uma civilização virtualmente inalterada por milhares, só-Deus-sabe--quantos, de anos.

Eles só falavam no tempo presente. Não tinham, virtualmente, concepção alguma de "futuro" ou "passado", nem palavras para "amanhã" e "ontem", apenas uma palavra para "outro dia", que podia ser qualquer das duas anteriores.[6] Não dava para dizer que estavam na Idade da Pedra, na Idade do Bronze, na Idade do Ferro ou em qualquer das Idades dos Metais, porque todas as Idades tinham nomes baseados nas ferramentas que os povos pré-históricos faziam. Os pirahãs não faziam ferramenta alguma. Eram pré-ferramentas. Não tinham qualquer concepção

---

* Em uma entrevista ao *Guardian*, Everett explica que levou um ano para aprender o básico e mais dois para conseguir se comunicar com eficácia. ("Daniel Everett: 'There Is No Such Thing as Universal Grammar'", por Robert McCrum, 24 de março de 2012.)

de fazer hoje algo que poderiam usar "outro dia", neste caso no sentido de amanhã. Como resultado, não faziam instrumentos de pedra, osso ou qualquer outra coisa. Não faziam quaisquer artefatos, com exceção do arco e flecha, além de uma ferramenta de raspagem, usada para fazer a flecha. Até hoje ninguém conseguiu descobrir como o arco e flecha se tornou comum aos inuítes (o novo nome "politicamente correto" dos esquimós) no polo Norte, aos chineses no Leste Asiático, aos índios... *hum*... povos nativos na América do Norte e aos pirahãs no Brasil.

Ocasionalmente, um ou outro pirahã até fazia uma cesta rústica a partir de gravetos e folhas. Assim que entregavam o conteúdo, porém, eles jogavam fora os gravetos e as folhas.[7] O mesmo ocorria com... as casas. Apenas alguns domicílios haviam atingido o nível de choupana. O resto era formado por umas armações inclinadas, feitas de galhos e folhagens. As folhas das palmeiras eram as melhores para as coberturas... até a próxima ventania derrubar a coisa toda. Os pirahãs só riam e armavam outra... aqui, nos séculos XX ou XXI.[8]

O pirahã era uma língua com apenas três vogais (*a*, *o*, *i*) e oito consoantes (*p*, *t*, *b*, *g*, *s*, *h*, *k* e *x*, que é a oclusiva glotal). Era a menor e mais magra língua conhecida. Os pirahãs eram analfabetos, não apenas em termos léxicos, mas também visualmente. A maioria não conseguia descobrir o que estava vendo em fotografias de dois tons, em preto e branco, mesmo quando eram retratados rostos e lugares familiares.[9] A língua pirahã, percebeu Everett, era um histórico dos primórdios da fala e do reconhecimento visual. Milagrosamente, ele poderia estudar as duas coisas vivas, aqui e agora. Mas a mesma sorte não se aplicava à matemática. Os pirahãs não tinham matemática alguma. Não tinham números, sequer 1 e 2; apenas a noção frouxa de "um pouco" e "muito". Para eles, o dinheiro era um mistério. Não sabiam contar, nem tinham a menor ideia do que era uma contagem. Durante oito meses, toda noite Everett tentara, a pedido *deles*, ensinar-lhes o que eram números e contagem. Eles suspeitavam que os comerciantes fluviais brasileiros, que constantemente chegavam ali pelo rio Maici, estavam trapaceando. Alguns poucos jovens pirahãs já pareciam estar entendendo. Estavam começando a fazer operações matemáticas de verdade. Assim que notaram isso, os mais velhos mandaram que eles se afastassem. Não conseguiam tolerar que crianças os deixassem com uma imagem ruim. Foi o fim da matemática no rio Maici. Eles tiveram de continuar pagando aos comerciantes com vastas quantidades de castanhas do Brasil, que colhiam do chão na selva. Eram caçadores-coletores, mas a caça não os beneficiava muito no comércio fluvial. Também não sabiam o que era defumar ou curar carne.[10]

Como possuíam uma parca concepção do "passado", os pirahãs também tinham pouca noção de história. Everett esbarrou com esse problema quando tentou lhes falar de Jesus.

"Que altura ele tem?", perguntavam os pirahãs.

"Bom, na verdade eu não sei, mas..."

"Ele tem o cabelo igual ao seu?" Isto significava cabelos ruivos.

"Eu não sei como era o cabelo dele, mas..."

Os pirahãs perderam o interesse em Jesus na mesma hora. Ele era irreal para eles. "Por que nosso amigo Dan fica nos contando essas histórias dos Cabeças-Tortas?" Os pirahãs falavam de si mesmos como os Cabeças-Retas. Todos os demais eram Cabeças-Tortas, inclusive Everett e Keren... e como poderia um Cabeça-Torta melhorar o raciocínio de um Cabeça-Reta? Após cerca de uma semana de Jesus, um dos pirahãs, Kóhoi, disse para Everett, em tom polido, mas firme: "Nós gostamos de você, Dan, mas não nos fale mais desse tal Jesus." Everett dava atenção a Kóhoi, que já passara horas tentando lhe ensinar pirahã. Nem Everett, nem Keren jamais converteram um só pirahã. E também ninguém mais conseguiu isso.[11]

Os pirahãs não tinham só a língua mais simples da Terra, tinham também a cultura mais simples. Eles não possuíam líderes, que dirá qualquer forma de governo. Não tinham classes sociais, nem religião. Acreditavam que havia espíritos maus pelo mundo, mas não tinham qualquer concepção de espíritos bons. Não seguiam rituais ou cerimônias de espécie alguma. Não conheciam música ou dança. Não tinham palavras para cores. A fim de indicar que algo era vermelho, faziam a coisa parecer sangue ou uma amora. Não fabricavam joias ou outros adornos corporais. Só usavam colares... coisas assimétricas e rombudas, cujo único propósito era afastar os maus espíritos. A estética não tinha função alguma, nem no vestuário, fosse este qual fosse, nem nos penteados. Na realidade, a própria noção de *estilo* era estranha para eles.[12]

Ali, em carne e osso, estava o tipo de sociedade que Chomsky considerava ideal, a saber, a *anarquia*, uma sociedade perfeitamente livre dos sistemas hierárquicos que estratificavam e atrasavam a vida moderna. Bom... ali está ela! Vá dar uma olhadela! Se escolhesse um horário improvável antes do amanhecer, você poderia pegar um voo da American Airlines no Aeroporto Internacional de Logan, em Boston, até Brasília, e de Brasília ir até o rio Maici em um hidroavião Cessna... você poderia ver o seu sonho, a *anarquia*, caminhando... ao pôr do sol.

Chomsky não ficou sequer tentado. Para começar, aquilo significaria sair do prédio e ir até o abominável "campo". Principalmente, porém, para Everett seria uma vitória, e para ele uma humilhação, intitulada:

Everett para Chomsky:
VENHA CONHECER A TRIBO
QUE NOCAUTEOU SUA TEORIA

Depois disso, Chomsky jamais voltou a mencionar o nome de Everett voluntariamente, nem discorreu acerca daquela tribo amazônica sobre a qual todos no mundo da linguística e da antropologia subitamente começaram a falar. Ele nem queria saber. Em particular, não queria ouvir falar no folclore pirahã que tanto fascinava as outras pessoas, como a forma de eles darem boa-noite, que era "Não durma... aqui tem cobra".

E *havia* cobras... sucuris com dez metros de comprimento, pesando 250 quilos, frequentemente à espreita perto das margens do raso rio Maici, que eram capazes de se enrolarem em torno de onças, ou pessoas, esmagando-as e engolindo-as inteiras... jararacas, cuja picada injeta uma hemotoxina que imediatamente faz as células sanguíneas se desintegrarem e estourarem, tornando-a uma das cobras mais mortíferas do mundo... jiboias que podem descer dos galhos lá em cima e sufocar seres humanos... além de diversos anfíbios, insetos e morcegos letais... o caimão negro, que são jacarés gigantescos, com até sete metros de comprimento e mandíbulas capazes de agarrar macacos, porcos selvagens, cães e, vez ou outra, até seres humanos, que são arrastados para dentro da água e afogados, antes de serem engolidos inteiros, como no caso das sucuris... as aranhas armadeiras, como são chamadas no Brasil, e que, se não são *as* aranhas mais venenosas da Terra, chegam bem perto disso... a rã-dardo-dourada (*rãs venenosas!*), com veneno suficiente para matar dez seres humanos... insetos assassinos, com dois ou três centímetros e narizes cônicos, também conhecidos como barbeiros ou insetos beijadores, devido ao hábito de picar o rosto das pessoas, transmitindo a elas a doença de Chagas, que causa cerca de 12.500 mortes por ano... vampirescos morcegos noturnos que podem passar até trinta minutos bebendo sangue, enquanto suas vítimas humanas dormem.

Caminhar descalço ou de chinelo na terra pirahã era uma forma de roleta-russa... e assim os pirahãs haviam aprendido a ter sono leve. Longas conversas de madrugada não eram incomuns, tanta era a cautela que eles tinham durante as horas noturnas.

Além de qualquer outra coisa que ainda pudesse vir a ser, em 2005 aquela revelação de Everett, feita em 25 mil palavras, sobre a vida entre os pirahãs foi uma verdadeira sensação. Ele resolvera não publicá-la em qualquer dos principais periódicos de linguística. A tiragem deles era pequena demais. Em vez disso, Everett escolheu a *Current Anthropology*, uma revista que estava disposta a publicar todas as 25 mil palavras sem cortes. Isso ocupou um terço da edição de agosto-outubro de 2005 e incluiu oito comentários formais pedidos a estudiosos do mundo inteiro:

França, Brasil, Austrália, Alemanha, Holanda, Estados Unidos.*
Dois desses estudiosos, Michael Tomasello e Stephen Levinson,
eram afiliados ao prestigioso Instituto Max Planck. De jeito algum, porém, os comentários eram cartas de amor. Todos tinham
reservas quanto a isso ou aquilo. E tanto melhor. A grandiosa
apresentação acadêmica deu resultado. A coisa ganhou a atenção
do rádio, da televisão e da imprensa popular do mundo. A maior
e mais influente revista alemã, *Der Spiegel*, disse que os pirahãs,
"uma pequena tribo de caçadores-coletores, cuja população ficava apenas entre 310 e 350 indivíduos, viraram o centro de um
inflamado debate entre linguistas, antropólogos e pesquisadores
cognitivos. Até Noam Chomsky, do Massachusetts Institute of
Technology, e Steven Pinker, da Universidade de Harvard, dois
dos mais influentes teóricos da área, ainda estão discutindo o
que significa para o estudo da linguagem humana o fato de os
pirahãs não usarem orações subordinadas".[13]

O jornal britânico *Independent* atacou a recursividade. "A língua pirahã não tem nenhum desses traços (de recursão); cada
frase é isolada e se refere a um único evento... o professor Everett
insiste que o exemplo dos pirahãs, devido ao impacto que sua
cultura peculiar teve na sua língua e no seu modo de pensar, representa um golpe devastador na teoria chomskyana. 'Hipóteses
como a da gramática universal são inadequadas para explicar os
fatos acerca dos pirahãs, por presumirem que a evolução da linguagem deixou de ser influenciada pela vida social da espécie.'"

---

* A lista completa de comentaristas: Brent Berlin, Marco Antonio Gonçalves,
Paul Kay, Stephen Levinson, Andrew Pawley, Alexandre Surrallés, Michael
Tomasello e Anna Wierzbicka.

A gramática dos pirahãs, argumenta ele, vem da cultura deles, e não de qualquer modelo mental preexistente.[14]

Disse a *New Scientist*: "Everett também argumenta que a língua pirahã é o prego final no caixão da altamente influente teoria da gramática universal de Noam Chomsky. Embora a teoria tenha sido consideravelmente modificada desde suas origens na década de 1960, a maioria dos linguistas ainda subscreve sua ideia central de que a mente humana desenvolveu uma capacidade inata para usar a linguagem e de que todas as línguas compartilham certas formas universais que são limitadas pelo nosso modo de pensar."[15]

No mundo acadêmico espera-se que os estudiosos pensem e escrevam em um nível muito acima da excitação da mídia popular. Everett e sua publicidade acerca dos pirahãs, porém, incomodaram tanto que os estudiosos não conseguiram aguentar muito tempo. Em 2006, o Departamento de Linguística do MIT (mas não o Departamento de Linguística de Noam Chomsky) convidou Everett a dar uma palestra sobre os "fatores culturais" que tornavam tão excepcionais os pirahãs e sua língua. Três dias antes da data marcada, em todos os fóruns de discussão geralmente reservados para avisos sobre palestras na comunidade linguística do MIT, foi postada uma diatribe chamando Everett de um simples mentiroso descarado, que falsificava evidências para sustentar suas alegações sobre os pirahãs e sua língua. Na realidade, diz o autor, Everett é tão totalmente desavergonhado que já escreveu sobre essa pequena tribo amazônica em sua tese de doutorado há vinte anos... e agora se contradiz clara e gritantemente, sempre que sente vontade. Estou publicando isto com antecedência, dizia o autor, por temor de que eu e outros que percebemos a armação de Everett sejamos "cortados", se tentarmos denunciá-lo durante o evento em si. Nessa peroração, ele dizia, vazando ironia pelos caninos:

"Você também pode aproveitar o brilho dos refletores da mídia de massa e dos especialistas em exotismo enrustidos! Basta descobrir uma tribo remota e explorá-la em prol de sua própria fama, fazendo alegações que ninguém se dará ao trabalho de conferir!"[16] O autor se revelou ser Andrew Nevins, um jovem linguista recém-contratado por Harvard. Ele simplesmente não conseguira mais se segurar!

Ninguém no campo da linguística, outrora tão cordato, ou em qualquer outra disciplina, já vira uma performance como aquela. Até mesmo a execração de B. F. Skinner, feita por Chomsky, mantivera um verniz de polidez e o protocolo acadêmico.

Quando Tom Bartlett, da *Chronicle of Higher Education*, mandou um e-mail pedindo uma entrevista, Nevins retrucou:

"Posso estar sendo precipitado, mas parece-me que você já analisou este tipo de caso!" Abaixo da mensagem de Nevins constava o link para um artigo que Bartlett escrevera sobre um psicólogo holandês que confessara falsificar resultados citando pesquisas que jamais haviam sido feitas, isto é, eram ficção pura. Bartlett convidou Nevins a detalhar a implicação de que Everett estava tentando fazer uma armação. E Nevins retrucou: "O mundo não precisa de mais um artigo sobre Dan Everett."[17]

O que ele realmente queria dizer, viu-se depois, era: "Sobre Dan Everett, o mundo só precisa de mais um artigo, que eu já estou escrevendo." Nevins já estava trabalhando com dois outros linguistas, David Pesetsky e Cilene Rodrigues, em um artigo tão longo (31 mil palavras) que equivalia a bem mais de 110 páginas de um livro denso e erudito.[18] Eles combatiam Everett ponto por ponto, pouco importando quão minúsculo fosse o ponto. O propósito, obviamente, era bombardear, obliterar qualquer sílaba que Everett tivesse a dizer sobre a tal miseravelmente pequena tribo que ele alegava ter descoberto em alguma parte das profundezas da bacia amazônica brasileira. O artigo apareceu na web como "A excepcionalidade do pirahã: uma reavaliação", de Andrew Nevins (Harvard), David Pesetsky (MIT) e Cilene Rodrigues (Universidade Estadual de Campinas)... três linguistas de três universidades diferentes, ressaltava Pesetsky[19]... *hum*... de forma até um pouco desonesta, porque, postos todos juntos, os três compunham a sigla CHOMSKY (MIT). Chomsky fora supervisor da tese de doutorado de Pesetsky no MIT em 1983.[20] Cinco anos mais tarde, ele voltara para lá, já como colega júnior de Chomsky no corpo docente de linguística. Já Morris Halle, um amigo próximo de Chomsky, fora o supervisor da tese de doutorado de Andrew Nevins, que vivia no MIT. Ele se matriculara como calouro de primeiro ano em 1996 e ficara nove anos lá, até 2004, quando recebeu seu diploma de doutorado[21] e se casou com Cilene Rodrigues, uma linguista brasileira que passara vários períodos como aluna--visitante no MIT durante os quatro anos anteriores. O artigo que eles escreveram, "A excepcionalidade do pirahã: uma reavaliação", não poderia se assemelhar mais a algo produzido por Chomsky, mesmo que ele houvesse posto sua assinatura no fim.

O problema era que o esquadrão da verdade, a saber, Nevins, Pesetsky e Rodrigues, levara todo o ano de 2006 para montar esta arma prodigiosa. Eles planejavam submeter o artigo à *Language*, a maior e mais influente publicação de linguística, mas neste caso o texto poderia facilmente levar mais seis ou oito meses para passar pelo meticuloso processo de revisão dos editores. Então o trio decidiu publicar primeiro na web, no LingBuzz, um site que compartilhava artigos de linguística e que tinha um grande leitorado chomskyano. Seu revide, que mais parecia um leviatã do juízo final, apareceu ali em 8 de março de 2007...

... mas foi derrubado 33 dias depois, em 10 de abril. Nesta data, a *New Yorker* publicou um artigo de dez mil palavras sobre Everett, intitulado "O intérprete: uma tribo amazônica remota virou de pernas para o ar a nossa compreensão da linguagem?", de John Colapinto, com o seguinte subtítulo "Dan Everett acredita que o pirahã derruba a ideia de uma gramática universal de Noam Chomsky". A revista enviara o autor, John Colapinto, até a bacia amazônica com Everett.

No parágrafo de abertura, Colapinto descreve sua chegada ao rio Maici, junto com Everett, em um hidroavião Cessna. À margem do rio havia uns trinta pirahãs, que o saudaram com o que "parecia uma profusão de aves canoras exóticas, uma algaravia melódica mal discernível, aos não iniciados, como fala humana". Para Colapinto, o momento mais rico foi a chegada do linguista W. Tecumseh Fitch, que era um chomskyete devoto. Ele já colaborara com Chomsky e Marc Hauser na redação daquele artigo de 2002, proclamando a descoberta de Chomsky de que a recursividade era a própria essência da linguagem humana. Pois Fitch queria ver os pirahãs com os próprios olhos, e Everett dissera que ele poderia vir logo. Fitch inventara um teste, por meio do qual ele, de alguma forma (era tudo altamente esotérico e supercientífico), poderia detectar se uma pessoa estava usando "gramática livre de contexto", ao filmar seus movimentos oculares, enquanto um macaco de desenho animado se mexia de um lado para outro na tela de um computador, a partir de simples deixas de áudio. Ele tinha certeza absoluta de que os pirahãs passariam no teste. "Eles vão entender esse padrão básico. Os pirahãs são humanos... e todos os seres humanos conseguem fazer isso."

Fitch falava abertamente do motivo que o fizera vir lá da distante Escócia até as próprias entranhas da bacia amazônica: provar que, tal como todo mundo, os pirahãs usam a recursão. Na Universidade de St. Andrews, ele já saíra de sua sala algumas vezes para fazer trabalho de campo sobre o comportamento animal, mas nunca para algo remotamente parecido com aquilo ali: estudar uma estranha tribo de seres humanos, de quem ele jamais ouvira falar... muito além das fronteiras da civilização, da lei e da ordem, nas florestas tropicais do selvagem noroeste brasileiro.

Com a ajuda de Everett, ele aparelhou um local para suas experiências, com equipamento de vídeo e áudio. O primeiro a ser testado foi um pirahã musculoso, com o cabelo cortado em forma de cuia. Ele ficou só olhando para a flutuante cabeça de macaco. E ignorou as deixas de áudio.

"Não parecia que ele estava dando olhadelas premonitórias", ou seja, tentando pressentir o que o macaco faria, disse Fitch para Everett. "Talvez a gente pudesse pedir que ele apontasse para o lugar aonde acha que o macaco irá."

"Eles nunca apontam", disse Everett. E não tem palavras para esquerda ou direita, nem ali, ou qualquer outra direção. Você não pode lhes dizer para subirem ou descerem; precisa dizer algo concreto, como "rio acima" ou "rio abaixo". Portanto, Everett perguntou ao homem se o macaco iria rio acima ou rio abaixo.

O homem disse: "Os macacos vão para a selva."

Fitch já foi descrito como um sujeito alto e aristocrático, daquele tipo tradicional na Nova Inglaterra. Seu nome completo é William Tecumseh Sherman Fitch III. Ele é descendente direto de William Tecumseh Sherman, o famoso general da Guerra Civil.* Ali na bacia amazônica com Everett, porém, ele estava suando, e pequenos filetes já começavam a fluir da sua testa, entre as sobrancelhas e pelos lados do nariz. Ele aplicou o teste outra vez. Após várias tentativas abortadas, a voz de Fitch assumiu "uma nota crescente de pânico". "Se eles não passarem no teste de recursividade; não é recursividade; preciso parar de falar assim. O que quero dizer é incorporação. Porque se ele não consegue entender *isto*..."

Na bacia amazônica, o aristocrata alto é reduzido a ejaculações, como "Porra! Se eu tivesse um joystick para ele poder *caçar* o macaco!". Ele vai embora, insistindo com Colapinto que suas experiências foram um sucesso. Quando Colapinto lhe pergunta sob quais aspectos, porém, a dicção de Fitch se enevoa. Poste-

---

* Segundo o *curriculum vitae* de Fitch, o general Sherman era seu tetravô. O general servia no Exército da União, e ficou conhecido por sua Marcha até o Mar, que deixou um rastro de destruição e horror com noventa quilômetros de largura pela Geórgia, a fim de conquistar Atlanta e Savannah para as forças do Norte.

riormente, ele relata a Chomsky que chegou a detectar "gramática livre de contexto" no pirahã... embora você precisasse escutar e observar o macaco atentamente, tão atentamente quanto o faria um Nevins ou uma Cilene Rodrigues, para perceber algo. Quanto à *sintaxe* "livre de contexto", os resultados eram inconclusivos.[22]

O artigo da *New Yorker* deixou Chomsky furioso. Ele e seus seguidores partiram para um combate total. Chomsky já recusara um pedido de entrevista feito por Colapinto, aparentemente para se mostrar indiferente ao seu adversário. Ele e Everett não estavam no mesmo plano. Agora, porém, *todo o maldito mundo* estava lendo a *New Yorker*. A revista o chamava de *Dan* Everett. Era *Dan*, e não *Daniel L. Everett*... aos olhos deles, o sujeito virara instantaneamente um herói folclórico... era o pequeno Dan que se erguia para desafiar o ditador Chomsky.

Na manchete do artigo havia uma fotografia, republicada muitas vezes depois, de Everett submerso até o pescoço no rio Maici. Só o seu rosto sorridente era visível. Bem ao seu lado, mas acima dele, está um pirahã com cerca de 35 anos, sentado só de short em uma canoa. A foto virou a imagem que distinguia Everett de Chomsky. Imerso! Até o próprio pescoço, Everett está... imerso na vida de uma tribo até então desconhecida, pertencente a povos nati... *hum*... indígenas no selvagem noroeste amazônico. Não havia como qualquer linguista deixar de contrastar aquilo com a imagem mental que todos faziam de Chomsky sentado lá no alto, bem alto, em uma poltrona dentro de uma sala do MIT com ar-condicionado, todo limpo e arrumado. Ele nunca olha para baixo, só para dentro. Nunca sai do prédio, a não ser para ir ao aeroporto e viajar até outras universidades, a fim de receber diplomas honorários... mais de quarenta, pela última contagem. Jamais é enlameado pelo rio Maici ou qualquer outra sujeira da vida lá embaixo.

Não que Everett, sob qualquer aspecto, suplantasse Chomsky, pois ele provocava demasiado rancor geral. Estava dizendo aos acadêmicos que eles haviam desperdiçado meio século subscrevendo a doutrina chomskyana da Gramática Universal. Na superfície, as línguas podiam parecer loucamente diferentes umas das outras, ensinara Chomsky, mas no fundo todas compartilhavam a mesma estrutura e funcionavam da mesma maneira. Não seria fácil abandonar este primeiro princípio chomskyano.

Isso, ao menos, era previsível. Àquela altura, porém, no início do século XXI, a ampla maioria das pessoas que se consideravam intelectuais era de ateus. Os crentes eram vistos como algo ligeiramente pior do que tolos consumados. E dentre eles, a mais baixa estirpe era a dos crentes evangélicos brancos. Onde estava Daniel Everett. É verdade que ele se convertera, do cristianismo para a antropologia, no início dos anos 1980... no entanto, seu passado não apenas evangélico, mas missionário, era uma mancha que jamais desapareceria completamente... ao menos no mundo acadêmico.

Mesmo antes que a expressão "politicamente correto" adentrasse o vernáculo, os linguistas e antropólogos já tomavam cuidado para não caracterizar qualquer povo... hum... indígena como rude, simplório ou inferior em qualquer espectro. Everett tomava cuidado e meio. Ele descobrira a sociedade mais simples do mundo conhecido. Os pirahãs pensavam apenas no tempo presente. Tinham uma língua limitada, sem a recursividade, que teria permitido que ela se estendesse infinitamente em qualquer direção e para qualquer horizonte temporal. Não possuíam artefatos, com exceção de arcos e flechas. Everett tinha de se esforçar muito para evitar que os pirahãs parecessem rudes ou simplórios. A língua deles tinha limites... mas possuía uma certa riqueza profunda, dizia ele. Era a língua mais difícil do mundo para aprender... mas esse era o preço da complexidade, dizia ele. Everett expressava apenas admiração pelos pirahãs. Àquela altura, porém, mesmo a mais vaga insinuação de que você via certos povos... *hum*... indígenas como simples feito pedras já não era considerada uma coisa elitista. A palavra, em 2007, era "racista". E *racista* virara uma pecha difícil de remover.

Racista... aquilo era o equivalente moderno da Inquisição romana, ao declarar que Galileu era "veementemente suspeito de heresia", e colocá-lo em prisão domiciliar nos últimos oito anos de sua vida, tornando impossível que ele continuasse estudando o Universo. Mas a Inquisição ao menos assumia abertamente o que estava fazendo. No caso de Everett, dar fim ao trabalho da sua vida foi uma operação clandestina. Pouco depois que o artigo de Colapinto foi publicado na *New Yorker*, Everett estava dando aulas na Universidade Estadual de Illinois, nos Estados Unidos, quando recebeu um telefonema de um canário com doutorado, informando-o de que uma agência governamental brasileira, conhecida como FUNAI, ou Fundação Nacional do Índio, estava negando permissão para que ele voltasse ao território dos pirahãs... mediante a alegação de que o que ele escrevera sobre eles era... *racista*. Everett ficou perplexo.

Então ele se convenceu de que o esquadrão da verdade declarara guerra total a ele. Começou a redigir um contra-ataque, mais depressa do que já escrevera qualquer outra coisa na vida. Ele não sabia, mas também não ficaria surpreso ao descobrir, que Nevins, Pesetsky e Rodrigues já estavam trabalhando, convertendo aquele seu bombardeio no LingBuzz em uma verdadeira hecatombe a ser publicada na *Language*, para sufocar a heresia de Everett de uma vez por todas.

Só que não havia como apressar os editores da *Language*, que acharam o artigo longo demais. Quando o esquadrão reescreveu o texto, e a *Language*, sempre sem pressa, editou tudo... e o artigo, ainda carregando aquele velho título do LingBuzz, "A excepcionalidade do pirahã: uma reavaliação", enfim parecia já prestes a ser incluído na edição de março de 2009 da *Language*[23]...

... Everett deu um golpe no golpe.

CAPÍTULO VI

A MURALHA

EM NOVEMBRO DE 2008, sete meses antes da data marcada pelo esquadrão da verdade para a hecatombe se abater, Everett, o alvo marcado, fez uma coisa espantosa. Ele manteve seu ritmo louco e conseguiu ser publicado antes deles... com o primeiro de alguns dos livros mais populares já escritos sobre linguística: *Não durma, aqui tem cobra*, um relato dos trinta anos que ele e sua família haviam passado com os pirahãs.[1] O texto era muito sério, em termos acadêmicos. Everett o encheu de relatos linguísticos e antropológicos de suas descobertas na Amazônia. Deixou os acadêmicos piscando... e os não acadêmicos de olhos arregalados, só olhando. O livro se libertava de sua encadernação erudita logo no início.

Margaret Mead teve suas aventuras entre os habitantes de Samoa, e Bronislaw Malinowski teve as suas entre os ilhéus de Trobriand. As aventuras de Everett entre os pirahãs, porém, sempre viravam situações demasiadamente mortíferas para serem reduzidas a "aventuras".

Havia mais maneiras imediatas de morrer nas florestas tropicais do que podia imaginar alguém que jamais vivera lá. Esta constante ameaça de morte dava um viés sinistro até às observações mais eruditas de Everett... principalmente quando comparadas às de linguistas que jamais saíam de suas salas refrigeradas em Cambridge, Massachusetts.

Nas florestas tropicais, nuvens de mosquitos transmissores de dengue, febre amarela, chicungunha e malária se erguiam da aurora ao crepúsculo, tão numerosas quanto os átomos de oxigênio com que cruzavam, ao menos esta era a sensação. Por mais que tomasse precauções, quem vivesse lá por três meses ou mais certamente seria infectado por mosquitos que penetrariam na pele com as 47 bordas cortantes de suas probóscides, primeiro injetando a saliva para impedir que a picada coagulasse e, depois, bebendo sangue relaxadamente. É a saliva que causa a coceira que se segue.

Em 1979, pouco mais de um ano depois do início desse período de trinta anos com os pirahãs, Keren e a filha mais velha do casal, Shannon, adoeceram com febre alta, tremores e calafrios, toda a lista de sintomas que Everett apresentara quando tivera febre tifoide. De modo que ele passou cinco dias tratando as duas com antibióticos do seu kit médico de missionário, tal como fora instruído a fazer. Mas a febre não diminuiu. A temperatura de Keren subiu ao topo do termômetro. A única esperança era partirem para o hospital na capital da província, Porto Velho, que

O REINO DA FALA

era o bastião civilizado mais próximo, a seiscentos quilômetros dali, na margem de outro afluente, o rio Madeira.

Pelo rio Maici lá foram eles, a família inteira... Everett, Keren, Shannon, Kristene, que tinha quatro anos, e Caleb, de apenas dois... apinhados juntos em uma canoa de alumínio que Everett pedira emprestada a um missionário católico de visita ali. O barco tinha apenas um motor externo com 6,5 HP de potência. Em uma canoa diminuta, frágil e sobrecarregada como aquela, cada momento parecia ser o último antes que todos tombassem em um rio selvagem com quinze metros de profundidade. Keren já estava delirando. Ela deu um tapa em Shannon e Everett. Eles levaram dez horas para chegar ao ponto do Maici, de onde precisariam cruzar por terra até o rio Madeira. E então houve um milagre (a bondade de estranhos): quatro jovens brasileiros surgiram do nada, colocaram Keren e Shannon em redes, penduraram as redes em troncos que puseram em cima dos ombros a bombordo e estibordo e carregaram as duas até a margem do Madeira.

Um dia e uma noite haviam se passado. Já no Madeira, um rio tão lamacento quanto o Mississippi, e com a mesma largura na foz, eles embarcaram em um navio com três conveses, um em cima do outro. A embarcação navegava rio abaixo e rio acima feito um ônibus público. Eles tinham uma viagem de três dias pela frente... sem cabines ou qualquer outra forma de privacidade, além de um único banheiro no primeiro convés (para cerca de duzentos passageiros em um barco projetado para no máximo 99). Tampouco havia assentos; em vez disso, fileiras de redes demasiadamente próximas e penduradas no teto sustentavam pessoas apinhadas feito sardinhas, com seus quadris enredados sufocando o ar.

Àquela altura, Keren e Shannon já estavam sofrendo de uma diarreia severa, além da febre e da dor. Felizmente, Everett trouxera um penico. Bem ali mesmo, no meio dos fundilhos enredados dos demais passageiros, Keren e Shannon se revezavam para sentar no penico. Everett enrolava um cobertor em cada uma delas, feito uma tenda, deixando só a cabeça de fora. Os brasileiros não conseguiam tirar os olhos daquelas gringas que pareciam estar despejando de suas ilhargas um mistério gringo. Ficavam enojados, mas fascinados, revirando-se de lado nas redes para não perder um só momento do espetáculo. O gringo de cabelo e barba ruivos ficava levando aquele pote podre, cheio de diarreia chacoalhante, pelo meio da multidão de passageiros. Ele constantemente se curvava com o penico fedorento para passar embaixo das redes, ou então se erguia com o mesmo penico fedorento, inclinando-se para lá e para cá, a fim de abrir caminho no meio de todos aqueles quadris aéreos, até chegar à balaustrada e lançar o conteúdo no rio Madeira. Depois voltava serpenteando pela multidão com o penico, sabendo que em um piscar de olhos teria de passar chacoalhando por eles novamente com aquele pote de humilhação.

Os espectadores falavam sobre eles constantemente, em alto e bom som, aparentemente presumindo que os gringos não entendiam português. Mas Everett entendia.

"Ela vai morrer, não vai?", exclamava um, meneando a cabeça para Keren, que já baixara de cinquenta para 35 quilos, se tanto, e parecia a Morte Vermelha com uma febre ardente. "É claro que vai", dizia outro. "A malária liquida depressa uma magricela feito ela."

Everett então sentia uma pontada muito pequena, embora triste, de superioridade. Obviamente, aqueles brasileiros tão convencidos não conseguiam reconhecer a febre tifoide, mesmo na cara deles.

As pessoas já podiam ver que Keren estava morrendo! *Uma olhadela*, e elas percebiam *isso*! Everett implorou ao capitão, um brasileiro de um braço só que também era o dono do barco, que fosse mais depressa, direto para Porto Velho. Pule as paradas no meio do caminho! Minha mulher está *morrendo*!

"Olhe, meu camarada", disse o brasileiro de um só braço, sem qualquer traço de companheirismo. "Se chegou a hora de sua mulher morrer, é isso aí. Eu não vou acelerar por sua causa."

Dentro do que mal pareceu ser uma hora, o navio se aproximou da margem no meio do nada e parou. Nenhum passageiro embarcou ou saltou. Não havia plataforma, apenas um simples atracadouro. Inexplicavelmente, todos os tripulantes haviam vestido camisetas vermelhas, até o capitão de um braço só. Com um hurra, todos deixaram o navio e foram subindo pela margem íngreme. Pareciam um bando de joaninhas escalando o barranco. Lá no topo, havia homens de camisetas verdes esperando.

Deus Todo-Poderoso... eles estavam parando para jogar futebol! E, obviamente, haviam combinado tudo com bastante antecedência.

Keren, com o rosto vermelho-fogo, ficava perdendo e recuperando a consciência. Levou duas horas para que o capitão de um braço só e sua tripulação voltassem ao navio, ainda uniformizados para jogar, e com ânimo elevado, rindo, fazendo piadas, flertando alegres alegres alegres com as meninas bonitas entre os passageiros.

Levou uma eternidade, mas eles finalmente chegaram ao hospital em Porto Velho.

"Minha esposa e minha filha estão com febre tifoide", anunciou Everett.

O médico olhou bem para Keren e Shannon, antes de dizer: "Para mim, parece malária." Então tirou gotas de sangue dos dedos das duas, colocou-as sobre lâminas, examinou-as com o microscópio... e começou a dar risadinhas.

Indignado, Everett disse: "Do que você está rindo?"

"Elas estão com malária, mesmo, e não é pouca", disse o médico.

Ele continuou rindo, aparentemente da ignorância de Everett. O que tornava tudo mais engraçado é que as correntes sanguíneas de Keren e Shannon apresentavam os níveis de malária mais altos que o médico já vira em toda a sua carreira, e ele tratava de pacientes com malária todo dia, *hahahaaaa!*.

Todos os médicos, todas as enfermeiras, todos os QMs (Quase Médicos) diziam a Everett que Shannon talvez escapasse, mas que era tarde demais para Keren. Ele desperdiçara tanto tempo com o próprio diagnóstico QM de febre tifoide que ela talvez não sobrevivesse.

Após duas semanas de tratamento intensivo, porém, ela sobreviveu... e provavelmente se recuperaria por completo... com o tempo... tempo este que se revelou ser seis meses de convalescença na casa dos pais. Depois, ela partiu direto de volta para Everett e os pirahãs.

Everett conta essa história no começo do livro... e depois se volta sem hesitação para temas como experiências com a numerosidade dos pirahãs, isto é, a expressão e o controle, tanto linguísticos quanto psicológicos, dos conceitos numéricos. Ele tece estas dissertações por todo o corpo de *Não durma, aqui tem cobra*... e é difícil terminar o livro sem a impressão de que, para o autor, eles eram tão importantes quanto a história da sua vida. E provavelmente foram mesmo. Eles deram à saga de Everett uma gravidade muito necessária... à medida que a história ia ficando mais intensa. O momento mais intenso foi a noite da loucura da cachaça, quando Everett já vivia havia três anos com os pirahãs.

A cachaça é um destilado feito com cana-de-açúcar. Os brasileiros já haviam avisado Everett sobre a cachaça, mas na realidade ele jamais tivera de lidar com o problema antes. Everett e toda a sua família (Keren, Shannon, Kristene e Caleb) viviam em uma das poucas estruturas que mereciam ser chamadas de *casas* na área pirahã das selvas ao longo do rio Maici. Essa casa fora construída sobre uma plataforma com um metro e pouco de altura. No meio dela havia um depósito para armazenagem. Certa noite, por volta de nove horas, toda a família já estava dormindo, quando Everett ouviu falatório e riso alto na margem do rio. Falatório e riso *bêbados*, pelo que percebeu. De modo que ele se levantou e desceu para verificar. Um barco do tipo usado pelos comerciantes fluviais brasileiros, bem grande, atracara ali, e dez ou doze pirahãs estavam no convés, rindo e se divertindo. Todos ficaram silenciosos quando viram Everett se aproximar. Não havia evidências visuais de que alguém estivesse bebendo. Então, Everett se limitou a dar ao capitão, um brasileiro, um pequeno sermão, dizendo que vender álcool naquela parte da Amazônia era ilegal, além de punível com multas pesadas e dois anos na cadeia. Mais tarde lhe ocorreu que aquilo devia estar parecendo terrivelmente pomposo, pois tecnicamente ele não passava de um americano intrometido, portador de um visto, mas que nada comandava ali. Quando voltou para a cama, o barulho já voltara, mas ele conseguiu adormecer. Só que foi acordado cerca de uma hora mais tarde por dois homens que falavam pirahã dentro de uma casinhola que o missionário católico, que na época já partira, construíra a menos de trinta metros dali.

Um dos pirahãs disse: "Eu não tenho medo. Mato os americanos. Nós matamos todos, e o brasileiro nos dá uma carabina nova. Ele me falou isso."

"Você mata todos, então?", disse o outro.

"Sim. Eles vão dormir. Eu atiro neles."

Uma pontada de pânico passa pelo plexo solar. Everett percebe que eles estão simplesmente esperando até criar coragem ou deixando que o nível de cachaça na corrente sanguínea faça isso. Que chance neste mundo ele, Keren e os três filhos têm? Exatamente uma, conclui ele, saindo imediatamente da casa tal como está, de short e chinelo. Deus, está escuro aqui fora, mais negro do que negro, e ele não ousara levar uma lanterna, porque os dois poderiam vê-lo se aproximar. Muito estranho! Não havia fogueiras, como as que os pirahãs sempre mantinham acesas diante das suas choças à noite. (Mais tarde ele descobriria que todas as mulheres pirahãs haviam apagado as fogueiras e fugido para o interior da mata assim que ouviram a palavra "cachaça".) Everett invade o pequeno esconderijo dos pirahãs bêbados ali ao lado com um grande sorriso e diz em pirahã: "Oi, pessoal! Tudo certo?" Seu tom é o mais alegre e animado que qualquer cadáver ambulante já usou com seus algozes. Sem dar uma pausa sequer, ele continua envolvendo os pirahãs com a algaravia mais hiperexuberante e feliz que se possa imaginar, como se nunca houvesse tido camaradas mais íntimos na Terra. *Ah, os tempos que já passamos juntos!* Os pirahãs bêbados ficam olhando para ele sem dar uma palavra, total e embriagadamente estupidificados... enquanto Everett vai reunindo todas as armas deles, duas carabinas, dois facões, arcos e flechas, depois sai babujando mais palavras ebulientes de amiguinho bebum e ainda dando sorrisos inexplicavelmente extáticos ou misturando palavras de pássaros de forma tão sublime que até o rouxinol mais lírico suspiraria com uma inveja impotente. Assim que sai porta afora com as armas nos braços, em meio à escuridão, Everett corre, realmente *corre*, manquitolando, cambaleando, tropeçando, de volta à sua casa e guarda no tal depósito o butim, com exceção de uma carabina, da qual remove os cartuchos. Então faz Keren e os filhos irem para o depósito e se trancarem por dentro. Ele próprio permanece sentado em um banco na plataforma diante da porta da casa, com a carabina no colo. Nem mesmo o pirahã mais bebum, e desesperadamente encharcado de cachaça, conseguiria não ver aquilo.

Ele já ouve os pirahãs correndo em sua direção no escuro, com ululantes gritos de devastação. Outras vozes ficam avisando: "Tomem cuidado! Dan tem armas!" Armas, no *plural*, como se ele fosse um exército de Cabeças-Tortas. Everett sente uma flecha zunindo por perto, mas não apontada para ele. Os índios não têm coragem de atirar flechas contra aquele exército de um único Cabeça-Torta. Por volta de quatro da madrugada, os pirahãs arruaceiros já partiram para a margem do rio, a julgar pelo barulho. Exausto e com os nervos em frangalhos, Everett se junta à sua família no depósito e desaba no sono...

... *tuuum creeeque aaarrggghh* mais *baques gemidos bufos* agoniados... por todos os lados do depósito, a apenas *três centímetros* de distância, pois esta é a espessura da parede do depósito bem atrás deles, bem diante deles, de ambos os lados... *três centímetros* de distância... quando *splat oooque jaaaggghhh tuuummm iiiaaaque gemido iiieeeooouuu* o depósito inteiro balança, estremece e oscila sobre a plataforma... os escrotos poderiam arrebentar este aposento diminuto *em um piscar de olhos*, se soubessem que estávamos aqui, mas agora só querem saber de se surrarrem mutuamente até apagarem *tuuummm creeeque gemido uuufff uuummmfff*. Everett até tem a tal carabina sem cartuchos para... o quê? Assustar os sujeitos? Há tantos Everetts, jovens e velhos, apinhados ali dentro, como ele poderia...

Gradualmente, a luta vai diminuindo... a casa vai ficando silenciosa... a essa altura eles já devem ter batido tanto uns nos outros que todos viraram geleia... nem um único som lá na aldeia, também... a luz do dia já é visível pelas frestas diminutas do depósito... Everett toma coragem para abrir a portinhola... dia claro... por toda parte um silêncio anormal... toda a aldeia está afundada em uma ressaca de cachaça.

Everett e Keren vasculham a casa, na expectativa do pior. Que acontecera, e ao mesmo tempo não acontecera. Não havia muitos danos físicos, pois a maior parte dos deles fora infligida pelos pirahãs nos seus próprios eus cachaceiros. Mas havia manchas de sangue por toda parte... nas paredes, nas camas... poças de sangue no chão... a cachaça transformara aqueles eus felizes e sorridentes em maníacos sedentos de sangue.

Mais tarde, uma mal-ajambrada delegação de pirahãs, com olhos roxos, queixos machucados e lábios inchados, chega à casa de Everett para se desculpar. Parecem amistosos, indolentes, relaxados, tranquilos. Logo esquecerão que enlouqueceram com a cachaça. Seja como for, quem lembra do "outro dia"?

Imediatamente, *Não durma, aqui tem cobra* virou um sucesso e também o maior golpe que a hegemonia de Noam Chomsky já sofrera. Everett nem atacava tanto a teoria de Chomsky, apenas a desprezava. Ele falava da "influência declinante" de Chomsky, e das crescentes evidências de que Chomsky estava errado ao dizer que a linguagem era "inata". A linguagem não evoluíra de... *coisa alguma*. Era um artefato. Assim como pegara materiais naturais, ou seja, madeira e metal, combinando-os para criar o machado, o homem pegara sons naturais e os juntara sob a forma de códigos que representavam objetos, ações e, por fim, pensamentos e cálculos. Depois chamara esses códigos de *palavras*. Em *Não durma, aqui tem cobra*, Everett anima sua teoria revolucionária com a história de seus trinta anos passados estudando esta tribo primit*... *hum,* indígenas... nativa que ainda existe na Terra, os pirahãs... arriscando-se a morrer por virtualmente todas as formas concebíveis na selva, fosse malária, assassinato, veneno ou engolido por sucuris.

A National Public Radio transmitiu leituras de grandes trechos da obra pela sua rede nacional, dizendo se tratar de um dos melhores livros do ano.[2] As resenhas na imprensa popular foram uniformemente favoráveis, até resplandecentes... a ponto de ofuscar a vista... como a da *Sacramento Book Review*: "Um livro genuíno e absorvente, que é ao mesmo tempo lúcido e intuitivo; a obra nos envolve e nos penetra, controlando cada pensamento ou movimento nosso enquanto lemos." É "impossível de esquecer".[3]

Em termos ideais, uma grande aclamação romântica deste tipo, de olhos arregalados, não tem grandes efeitos, exceto talvez uma ação negativa no mundo acadêmico. No entanto, quando a *Language* enfim publicou a "reavaliação" de quarenta mil palavras do esquadrão da verdade, em junho de 2009, não houve explosão alguma. A Grande Refutação simplesmente ficou ali, um grande *corpus* inchado de objeções... cósmicas, mesquinhas e tudo que coubesse no meio, sem fazer o menor alarde. O sucesso de *Não durma, aqui tem cobra* já desarmara a bomba.

---

* Segundo o dicionário eletrônico Merriam-Webster, a palavra "primitiva" pode ser definida como: "de, pertencente a, ou aparentando vir de uma época primeva no passado muito remoto, sem ter linguagem escrita, tecnologia avançada etc.; de, relacionada a, ou produzida por um povo ou uma cultura que é não industrial, frequentemente iletrada e tribal."

No entanto, Chomsky e o esquadrão ainda não estavam liquidados. Passaram a se concentrarem na imprensa acadêmica. Nenhum acadêmico, naquilo que continuava sendo a Era de Chomsky, iria escrever uma resenha elogiosa sobre o tal livro ofensivo de Everett. Chomsky e o esquadrão estavam de olho em qualquer um que pisasse fora da linha. David Papineau, um catedrático de filosofia do King's College, em Londres, escreveu uma resenha mais ou menos positiva sobre *Não durma, aqui tem cobra*. Era apenas isso, "mais ou menos", mas um membro do esquadrão da verdade, David Pesetsky, logo botou o autor em seu lugar. Papineau não encarou isso como um conselho dado de bom coração por um colega e retrucou: "Para quem não é do ramo da linguística, é bastante surpreendente descobrir que existe este tipo de proteção à ortodoxia."[4]

Três meses depois que *Não durma, aqui tem cobra* foi publicado, Chomsky relegou Everett à escuridão sideral com um de seus epítetos favoritos. Em uma entrevista à *Folha de S. Paulo*, o maior e mais influente jornal, site e noticiário on-line do Brasil, Chomsky disse que Everett "virou um charlatão".[5] Um charlatão é um sujeito especializado em exibir conhecimentos que não tem. Esses epítetos ("fraude", "mentiroso", "charlatão") eram a maneira que Chomsky tinha de sentenciar seus oponentes ao esquecimento. Daquele ponto em diante, Everett já nem sequer valeria o esforço que seria necessário fazer para denunciá-lo.

No entanto, Everett, como diz aquela canção, soltara os cachorros. Depois disso, os linguistas que até então haviam mantido suas dúvidas e insatisfações para si mesmos sentiram-se encorajados a falar abertamente.

Michael Tomasello, um psicólogo que era codiretor de antropologia evolutiva no Instituto Max Planck e um dos estudiosos que em 2005 comentara o artigo de Everett na *Current Anthropology*, havia anos criticava isto ou aquilo na teoria de Chomsky. Em 2009, porém, depois que o livro de Everett foi publicado, ele abriu o jogo em um artigo intitulado "A gramática universal está morta", escrito para a revista *Behavioral and Brain Sciences*, e que desafiava Chomsky frontalmente: "A ideia de uma gramática universal com conteúdo linguístico, evoluída biologicamente, é um mito."[6] "Mito" virou a palavra da moda. Em 2014, Vyvyan Evans, da Universidade de Bangor, no País de Gales, até expandiu a ideia em um livro novo, *The Language Myth*. Com todas as letras, ele rejeitava a ideia de Chomsky e Steven Pinker de um "instinto da linguagem" inato, nascido naturalmente. Em uma das orelhas, Michael Fortescue, da Universidade de Copenhague, acrescentava: "Na perspectiva da Linguística Cognitiva, esta refutação da Gramática Universal de Chomsky feita por Evans fornece um antídoto excelente a certos livros-textos populares, onde se presume que a abordagem chomskyana à teoria linguística... de alguma forma já foi consagrada de uma vez por todas."[7]

Graças a Everett, os linguistas estavam começando a insuflar vida nas palavras dos antichomskyanos do século XX, que haviam sido desclassificados como malucos ou teimosos, tais como Larry Trask, um linguista da Universidade de Sussex, na Inglaterra. Em 2003, um ano após Chomsky anunciar sua Lei da Recursividade, Trask disse em uma entrevista: "Não tenho paciência para a teorização chomskyana e seus dogmas associados de 'gramática universal'. Esse troço não passa de uma baboseira insensata, mais parecendo um movimento religioso do que uma empreitada erudita. Tenho certeza de que nossos sucessores considerarão a GU um enorme desperdício de tempo. Lamento profundamente que essa porcaria atraia tanta atenção fora do campo da linguística, a ponto de muitos não linguistas acreditarem que a teoria chomskyana simplesmente é a linguística... e que a GU seja hoje uma verdade consagrada, acima de qualquer crítica ou discussão. A verdade é inteiramente o oposto."[8]

Em 2012, Everett publicou *Linguagem: a ferramenta cultural*, um livro que explicitava com detalhes o material linguístico que ele enfiara entre suas aventuras driblando a morte em *Não durma, aqui tem cobra*... a saber, que a fala, ou a linguagem, não é algo que *evoluíra* no *Homo sapiens*, como acontecera com a coordenação motora de nossas mãos, únicas nesse sentido... ou com o nosso corpo quase sem pelos. A fala é uma criação humana. É um artefato... que explica o poder do homem sobre todas as outras criaturas, de uma maneira que por si só a Evolução não consegue.

Linguagem: a ferramenta cultural foi *A origem das espécies* de Everett, seu *Philosophiae Naturalis*... e nem teve o mesmo sucesso que *Não durma, aqui tem cobra*. Recorria apenas ligeiramente à narração de histórias autobiográficas. Ah, o livro tinha seus momentos, pois somente Everett teria coragem de debochar diretamente de Chomsky. Ele conta uma visita ao MIT no começo dos anos 1990, para ir ao que fora anunciado como uma grande palestra de Chomsky. "Um grupo de alunos estava sentado lá no fundo, dando risinhos", diz Everett. "Quando Chomsky mencionou o linguista marciano, por exemplo, eles mal conseguiram conter as risadas, e eu vi dinheiro passando de mão em mão." Depois da conferência, ele lhes perguntou do que se tratava, e eles disseram que haviam apostado entre si em qual momento exato da palestra Chomsky lançaria aquele seu linguista marciano, velho e mofado, sobre a plateia.

Críticos como Tomasello e Vyvyan Evans, bem como Everett, haviam começado a ter dúvidas sobre a GU de Chomsky. Onde aquilo deixava o resto da sua anatomia da fala? Afinal, ele insistia com muita firmeza que se tratava de uma estrutura física. Em alguma parte do cérebro o *órgão da linguagem* estava realmente bombeando a GU através da *estrutura profunda*, para que o DAL, o *dispositivo de aquisição da linguagem*, pudesse tornar a linguagem, ou a fala, audível, visível, um produto absolutamente real do sistema nervoso central do *Homo sapiens*.

E a reação de Chomsky? Como sempre, Chomsky se provou invencível na hora de debater. Ele jamais se deixava encurralar em um canto, onde poderia ser forçado a enfrentar seus atacantes cara a cara. Ou ele pulava fora antes deles, e por cima deles, ou então se esquivava com tanta arte que eles perdiam o passo e tropeçavam. Tomasello até se aproximara bastante e quase encurralara Chomsky em toda essa questão de para-anatomia, quando subitamente...

... *shaaaazzzaaammm...* o órgão da linguagem de Chomsky e toda a sua para-anatomia, se é que se tratava disso mesmo, desapareceram, como se jamais houvessem existido, para começar. Ele nunca renegou uma só palavra. Simplesmente passou a incluir os mesmos conceitos em um novo, e mais amplo, corpo de pensamentos. Também sumiu, espantosamente, a recursividade. A *recursividade*! Em 2002, Chomsky anunciara sua descoberta da recursividade, proclamando-a *o* elemento essencial da fala humana. No verão de 2013, porém, quando ele fez uma aparição no Instituto de Linguística da Linguistic Society of America, na Universidade de Michigan... a recursividade também já desaparecera. Onde, então, isso deixava Everett e seus comentários sobre a recursividade? Onde? Em lugar nenhum. A recursividade já não estava em questão... e Everett já não mais existia. Ele era um fantasma, uma não pessoa vaporizada. Naturalmente, o esquadrão da verdade também já não conseguia vê-lo. Eles não poderiam se mostrar mais indiferentes revolvendo uma onda raivosa contra *Linguagem: a ferramenta cultural* para surfar em cima depois. Nem sequer fizeram a Everett a cortesia de desprezá-lo por escrito. Deixaram este não Everett para trás, com todo o resto do lixo de beira de estrada da história.

A passagem do tempo não mitigou de forma alguma a opinião que Chomsky tinha do não Everett. Em 2016, quando insisti com ele sobre essa questão, Chomsky reduziu Everett a uma não entidade elevada a menos dois.

"Isso" — a opinião de Everett, pois Chomsky não se refere a ele pelo nome —

> não significa absolutamente nada, e é por isso que os linguistas não lhe dão atenção alguma. Ele alega, provavelmente de forma incorreta... pouco importa se os fatos estão certos ou não. Quer dizer, mesmo a aceitação de suas alegações sobre a língua em questão (o pirahã) nada nos

diz sobre esses tópicos. Os falantes dessa língua, o pirahã, aprendem facilmente o português, que tem todas as propriedades das línguas normais, e com a mesma facilidade que qualquer outra criança, o que significa que eles têm a mesma capacidade linguística que qualquer outra pessoa. Agora, é concebível, embora improvável, que eles simplesmente não se deem ao trabalho de usar essa capacidade. É como descobrir um pássaro que pudesse voar livremente, mas simplesmente não se desse ao trabalho de se elevar acima das árvores. Quer dizer, é concebível, bastante improvável, mas concebível. E isso nada lhe diria sobre biologia.[9]

Como resultado, o novo livro de Everett nem chegou perto de ter a mesma repercussão que tivera *Não durma, aqui tem cobra*. Um mundo inteiramente novo já nascera no campo da linguística. Com efeito, Chomsky estava anunciando... sem sequer uma rápida olhadela por cima do ombro... "Bem-vindos à Tese Minimalista Forte, à Expressão Hierarquicamente Estruturada e à Operação *Merge*." Uma verdadeira silabavalanche soterrara o órgão da linguagem e as partes corporais que o acompanhavam.

A partir da década de 1950, dizia Chomsky, cuja própria carreira começara na mesma década, "houve uma enorme explosão de investigações acerca da linguagem... Um trabalho muito mais penetrante está acontecendo em uma gama vastamente mais ampla de pontos teóricos... Muitos tópicos novos foram abertos. As questões em que os estudantes trabalham hoje nem sequer podiam ser formuladas, ou nem mesmo imaginadas, há meio século, ou até muito mais recentemente"... Eles estão "considerando muito seriamente a questão mais fundamental acerca da linguagem, a saber, o que é a linguagem?". *O que é a linguagem?!* Com a ajuda das "ciências formais", dizia Chomsky, podemos pegar "a propriedade mais básica da linguagem, a saber, que cada língua fornece um conjunto ilimitado" de "expressões hierarquicamente estruturadas... por meio de um sistema de pensamento bastante obscuro que sabemos existir, embora não saibamos muito a respeito".[10]

Em agosto do ano seguinte, 2014, Chomsky se uniu a três colegas do MIT, Johan J. Bolhuis, Robert C. Berwick e Ian Tattersall, para publicar um artigo na *PLoS Biology* intitulado "Como a linguagem pode ter evoluído?". Após invocar a Tese Minimalista Forte e a Estrutura Sintática Hierárquica, Chomsky e seu novo trio declaram: "É incontroverso que a linguagem evoluiu, tal como quaisquer outros traços de organismos vivos." Nada no resto do artigo é tão firmemente concreto. Chomsky *et alii* notam que em geral se pressupunha que a linguagem foi criada principalmente para fins de comunicação... *mas*... na realidade, a comunicação é um uso casual, quase irrelevante, da linguagem... a linguagem é mais profunda do que isso; é um "sistema cognitivo computacional específico, implementado de forma neural"... *mas*... "nós não temos certeza de como, exatamente"... já foi proposta a tese de que os neandertais sabiam falar... *mas*... não há provas disso... em termos anatômicos, sabemos que os neandertais também tinham na garganta o osso hioide, essencial para a fala do *Homo sapiens*... *mas*... "a morfologia hioide, como a maioria das outras linhas de evidências, obviamente não é uma bala de prata para determinarmos quando teve origem a linguagem humana"... Chomsky e o trio examinam aspecto por aspecto da linguagem... *mas*... há algo de errado em cada hipótese... eles tentam abranger tudo... *mas*... no fim, qualquer alma atenta que leia o artigo percebe que todas as suas cinco mil palavras estavam resumidas nas treze primeiras, que diziam:

"A evolução da faculdade da linguagem continua sendo, em grande parte, um enigma."

Um enigma! Um século e meio de sábios consagrados, se tomarmos Darwin como ponto de partida (ou pelo menos doutores diplomados) – seis gerações deles haviam dedicado suas carreiras a explicar exatamente o que a linguagem é. Depois de todo esse tempo e toda essa cerebração, eles haviam chegado a uma conclusão: a linguagem é... *um enigma?*. Chomsky por si só já gastara sessenta anos no assunto. Convencera não só o mundo acadêmico, mas também um público cheio de reverência, que ele tinha a resposta. E agora virava signatário de uma declaração de que a linguagem permanece... *um enigma?*.

"Bem pouco se conhece sobre os sistemas cognitivos e sua base neurológica", dissera Chomsky a John Gliedman ainda em 1983. "Mas realmente parece que a representação e o uso da linguagem envolvem estruturas neurais específicas, embora sua natureza não seja bem compreendida."

Era apenas uma questão de tempo, sugeria ele então, até que a pesquisa empírica substanciasse aquelas suas analogias. Isso fora trinta anos antes. Portanto, nesses trinta anos, Chomsky avançara de "estruturas neurais específicas, embora sua natureza não seja bem compreendida" para "um sistema de pensamento bastante obscuro que sabemos existir, embora não saibamos muito a respeito".

Em três décadas ninguém descobrira quaisquer evidências sólidas para sustentar a convicção de Chomsky de que toda pessoa nasce dotada de um inato poder da fala, programado geneticamente, e com o motor já ligado. Mas e daí? Chomsky fizera a tentativa mais ambiciosa desde Aristóteles em 350 a.C. de explicar exatamente o que é a linguagem. E ninguém mais na história humana chegara nem sequer perto disso. Mesmo cheia de falhas, era fascinante... essa demonstração secular, interminável, absoluta, definitiva e universal de ignorância sobre o dom particular mais importante do homem.

A linguagem... o que é? O que é a linguagem? Eram as palavras do próprio Chomsky aos 85 anos, depois de passar a vida inteira estudando a linguagem! Os 150 anos anteriores haviam se revelado a maior era de todos os tempos quanto à solução dos enigmas do *Homo sapiens*... mas não no caso do *Homo loquax*, o homem falante. Um verdadeiro desfile de gênios consagrados passara a vida inteira tentando descobrir isso... e fracassara.

O primeiro divisor de águas, levando enfim à resposta, foi o estudo de três décadas feito por Everett sobre os pirahãs na sua remota e esquecida selva infestada de malária. Os historiadores frequentemente desejam, de forma até ociosa, poder passar um breve período, até mesmo quinze minutos, nos mundos sobre os quais escrevem. Com efeito, era isso que Everett estava fazendo...

quando se converteu da fé cristã para a linguística e a antropologia. Os pirahãs não estavam congelados no tempo. Estavam vivendo em tempo real e usando o maior artefato humano, a linguagem, da melhor forma que podiam... com o menor vocabulário do mundo. Não tinham quem os pressionasse, instasse ou forçasse (por meio de coerção militar, digamos) a mudar. Sem planejar, Everett se viu estudando uma língua não por sua dissecção e análise como produto acabado, tal como existia na Europa, nos Estados Unidos ou na orla do Pacífico, mas sim a partir de um protótipo. E nos pirahãs, ele encontrara o protótipo mais básico do *Homo sapiens*. Os pirahãs viviam inteiramente no presente, falavam apenas no presente do indicativo, não analisavam seu passado ou ficavam angustiados com o futuro... coisa que, em grande parte, explicava seu jeito amistoso, relaxado e risonho. Pela mesma razão, eles não passavam virtualmente tempo algum fazendo artefatos, nem mesmo os mais simples. Os artefatos constituem uma parte elementar de pensar o futuro.

O mais revelador de tudo era que eles não tinham gradações sociais, nenhuma hierarquia de classes e sequer grupos de status, pelo que Everett conseguira determinar. Eles não tinham ocupações, sábios aqui, lutadores ali, porta-vozes, mecânicos, construtores, mensageiros, jovens baladeiros e nem baladas.

Em 1869, sob a pressão da competição com Wallace, Darwin inventara a teoria de que a fala evoluíra a partir da imitação humana do canto dos pássaros. Os sons, à medida que se tornavam mais complexos, explicava ele em 1871 em *A descendência do homem*, foram se desenvolvendo até virar o que hoje conhecemos como palavras... Darwin disse isso?... Canto dos pássaros?... Não era um conceito muito convincente, e um ano mais tarde começou o blecaute que duraria 77 anos. Quando isso terminou, após a Segunda Guerra Mundial, os linguistas, filósofos, psicólogos e até paleontólogos começaram a produzir uma vasta Nuvem de teorias sobre a evolução da linguagem, como quem recupera o tempo perdido.

A cientifização era o espírito intelectual da época, e ninguém vestia esse figurino melhor do que Noam Chomsky. A origem da linguagem, teorizava ele, era uma mutação fortuita que ocorrera em um único indivíduo e evoluíra até sua forma acabada e inteiramente física em menos de duzentos mil anos... uma mera piscadela na cronologia convencional da evolução darwiniana.

Michael Tomasello propôs sua teoria gestual, postulando que, depois que o homem evoluíra até caminhar sobre apenas duas pernas, suas mãos haviam ficado livres para transmitir sinais... até que por fim os sinais, ou gestos, também evoluíram e viraram nossa fala.

W. Tecumseh Fitch e Kenneth Kaye acreditavam que os sons que as mães arrulham, cantarolam ou grunhem para seus bebês, aquele "tatibitate", evoluíram até formar palavras.

Erich Jarvis, da Universidade de Duke, formou uma equipe que partiu do ponto em que Darwin parara. Eles isolaram e sequenciaram os genomas de 48 espécies de pássaros, analisaram com supercomputadores o aprendizado vocal dos pássaros com o auxílio de um "biólogo computacional"... e descobriram que "os mesmos genes que dão aos humanos a capacidade de falar dão aos pássaros a capacidade de cantar".[11] Ryuji Suzuki, do Instituto Médico Howard Hughes e do MIT, liderou uma equipe que desenvolveu um algoritmo de computador para analisar os gemidos, gritos e gorjeios em dezesseis cantos diferentes, com durações que variavam de seis a trinta minutos, que os machos das baleias jubarte entoam na temporada de acasalamento. Este imensos animais usam uma sintaxe hierárquica semelhante à humana, embora o gigabitado Suzuki tenha sido o primeiro a admitir que não tinha a menor noção do que eles estavam cantando.

Johan J. Bolhuis chefiava uma equipe de cinco neurocientistas que estudavam um pássaro musical, o diamante-mandarim, fazendo espécimes adultos ouvirem fitas com cantos que haviam escutado na selva quando ainda filhotes... e analisando sua excitação sexual (de alguma forma) ao ouvi-las novamente agora, já maduros.

Três psicólogos japoneses, além de um americano, Robert C. Berwick, propuseram a Hipótese da Integração... a qual diz que a linguagem humana tem dois componentes: E de "expressivo", como nos cantos dos pássaros, e L de "léxico", como nos gritos dos macacos. No homem, E e L se juntam para criar a linguagem humana. E por que eles queriam tanto ter Berwick na equipe? Porque ele era um astro da "linguística computacional" do MIT, que sabia parametrizar (a palavra é esta mesmo, pa*ram*etrizar) qualquer teoria linguística em módulos, apertar um botão, rodar os módulos no seu sistema Prolog e, *num piscar de olhos*, determinar como a teoria funciona em qualquer uma ou dezenas de línguas em termos de "fidelidade psicolinguística" e "adequação lógica".

Martin Nowak e David Krakauer, especialistas em linguagem matemática do Instituto de Estudos Avançados de Princeton, escreveram (ou melhor, matematizaram) um artigo para a *Proceedings of the National Academy of Sciences* intitulado "A evolução da linguagem", nos termos da chamada teoria dos jogos evolutivos. A teoria dos jogos produz artigos em que as equações exibem uma carga tão pesada de cálculos que os linguistas que as acompanham como carregadores de piano cambaleiam sob seu peso... e Nowak e Krakauer eram pesos-pesados. Suas equações faziam o glotojargão de Swadesh dos anos 1940 e 1950 parecer absolutamente cristalino. A certa altura, eles calculam o efeito que "erros de percepção" devem ter tido nos primórdios da evolução da linguagem. "Provavelmente os sinais tinham ruídos, e portanto podem ter sido confundidos uns com os outros. Denotamos por u_{ij} a probabilidade de se interpretar o som do i como sendo o som do j. O resultado de L se comunicar com L' é agora dado por"

$$F(L, L^1) = \frac{1}{2} \sum_{i=1}^{n} \sum_{j=1}^{n} \left[p_{ij} \left(\sum_{k=1}^{m} u'_{jk} q'_{ki} \right) + p'_{ij} \left(\sum_{k=1}^{m} u_{jk} q_{ki} \right) \right]$$

Foi o maior conjunto de craques matemáticos já reunidos para ir aonde nenhum homem jamais ousou ir... ao alto da Nuvem digital para resolver o mistério da linguagem...

... e todos bateram de frente com uma muralha, sem chegar mais perto de descobrir a resposta a *Linguagem – o que é?* do que o resto. Foi uma longa e triste fileira de fracassos. Linguistas, filósofos, antropólogos e psicólogos vinham tentando, intermitentemente, mas por todo o sempre, descobrir o que era a linguagem, e não estavam mais perto disso do que Darwin estivera com seus cantos de pássaros. Um século e meio... e *nada* para mostrar. Em maio de 2014, Chomsky, Tattersall, Berwick (o moedor de números), Marc Hauser (da Trinca da Recursividade em 2002) e mais quatro *eminenti*, ou seja, oito ao todo, publicaram uma histórica revelação de dez mil palavras intitulada "O mistério da evolução da linguagem". Era realmente histórica, mas não em qualquer sentido triunfante. Na realidade, jamais houvera um artigo acadêmico como aquele. Ali estava uma delegação formada por alguns dos maiores nomes no estudo da linguagem, com Chomsky acima de todos, erguendo a bandeira branca de uma derrota e uma rendição abjetas... após quarenta anos de fracasso total.

"Nos últimos quarenta anos", começava esta jeremiada de oito homens (como lemos nas primeiras páginas deste livro), "houve uma explosão de pesquisas sobre este problema, bem como a sensação de que um progresso considerável foi feito. Em vez disso, argumentamos que a riqueza de ideias foi acompanhada por uma pobreza de evidências, com essencialmente nenhuma explicação sobre como e por que evoluíram nossas computações e representações linguísticas."[12] Não existe qualquer coisa semelhante à linguagem na vida animal, continuavam os Oito. Os fósseis e a arqueologia nada nos dizem. Ninguém conseguiu encontrar qualquer raiz genética da linguagem. Não existem testes empíricos de quaisquer hipóteses. "As perguntas mais fundamentais acerca das origens e evolução da linguagem permanecem tão misteriosas quanto antes", e não sabemos se um dia conseguiremos encontrar uma maneira de respondê-las. Os Oito eram neodarwinistas até o último homem, evolucionistas ferrenhos que ainda acreditavam na máxima enunciada por Dobjansky da década de 1930: "Nada na biologia faz sentido, exceto à luz da evolução." Será que essa capitulação os impelia para Everett e sua ideia de que a linguagem podia ser simplesmente um artefato por si só, exatamente como uma lâmpada ou um Buick? Nem por um segundo. Os linguistas que haviam começado a abandonar aquele conceito de órgão da linguagem proposto por Chomsky, coisa que o próprio Chomsky praticamente já fizera, não tinham a menor vontade de seguir esse rumo. Everett continuava sendo o papa-moscas *non grata*. Quem admitia que bom, sim, a linguagem não evoluiu do jeito costumeiro e tendia retratá-la como uma companheira de viagem da Evolução. A nova expressão favorita era "construção de nicho biológico". O nicho era escavado nos flancos da Evolução para a longa marcha. Nunca parecia lhes ocorrer que estavam se permitindo uma metáfora pura e simples.

Em 2015, um dos próceres da turma do nicho, Chris Sinha, da Universidade de Hunan, na China, escreveu que "a teoria de construção de nicho é uma abordagem relativamente nova na biologia evolutiva e que busca integrar uma dimensão ecológica na teoria darwinista da evolução por seleção natural".[13] Neste caso, "ecológica" significava uma coisa incorporada ao longo da interação da Evolução com o meio ambiente. Esta teoria e outras semelhantes deixaram apenas uns poucos ainda apoiando a ideia de que a linguagem é um artefato puro e simples, notadamente: Edward Sapir lá nos anos 1920, antes que sua teoria fosse atropelada na corrida em direção ao chomskyanismo; Andy Clark, um filósofo que em 1997, na Universidade de Washington em St. Louis, chamara a linguagem de o "artefato final";[14] e Daniel Everett. A experiência de décadas de Everett com os pirahãs jogara a primeira luz sobre a resposta à pergunta de Chomsky, após sessenta anos de estudo da linguagem: *O que é isto?*

Everett não conhecia o filósofo Andy Clark, nem seu trabalho. E chegou por conta própria à mesma conclusão de Clark: a linguagem é a grande "ferramenta cultural", como ele próprio dizia. Jamais deu qualquer sinal de duvidar da Teoria da Evolução. Por que faria isso? A fala, ou a linguagem, era algo que existia à parte da Evolução. Uma coisa nada tinha a ver com a outra. O homem, sem ajuda, criara a linguagem. O salto de Everett por cima da muralha que Darwin construíra em torno da Evolução... a saber, a convicção de Darwin de que a Teoria da Evolução também era uma Teoria de Tudo... o salto de Everett por cima *dessa* muralha era algo que quase nenhum evolucionista já contemplara.

Àquela altura, 2014, a Evolução era mais do que uma teoria. Já se entranhara na própria anatomia, no próprio sistema nervoso central, de todas as pessoas *modernas*. Todas as partes, todas as tendências de todas as criaturas vivas haviam evoluído a partir de uma forma anterior... mesmo que você tivesse de voltar até aquelas "quatro ou cinco células flutuando em uma poça de água quente em algum lugar" de Darwin para encontrá-la. Um título como "O mistério da evolução da linguagem" era instintivo. Nem era preciso dizer que qualquer "traço" importante como a fala *evoluíra*, necessariamente, a partir de... *algo*. Aquele conceito de Everett de que a fala não evoluíra a partir de *algo* – mas era uma "ferramenta cultural" que o homem fizera para si mesmo – era impensável para a vasta maioria das pessoas *modernas*. Todas elas haviam sido tão profundamente imersas na Teoria que qualquer um que lançasse dúvidas sobre isso obviamente tinha a mentalidade de um terraplanista ou um metodista. Com o próprio título do seu livro, *Linguagem: a ferramenta cultural*, Everett estava traçando a mesma linha que Max Müller já traçara em 1861: "A linguagem é o nosso Rubicão, e nenhuma besta ousará cruzá-lo."

Fosse Darwin sozinho em sua mesa em 1870 pensando, entre acessos de vômito, em maneiras de driblar as objeções de Alfred Wallace de que ele não conseguia explicar a fala... fossem Chomsky e seu esquadrão da verdade, com Berwick ao teclado, produzindo fantásticas gamas de cálculos Σ sigma Σ lâminas... ou fosse qualquer uma das dezenas de hipóteses surgidas durante os 150 anos entre os dois... tudo se baseava no mesmo pressuposto "incontroverso". Essas foram as palavras do próprio Chomsky e seus colegas do MIT naquele artigo publicado na *PLoS Biology* em agosto de 2014, intitulado "Como a linguagem pode ter evoluído?". Que evoluíra, nem se discutia. Raro era o linguista, psicólogo ou antropólogo que nutria a ideia de que algo tão fundamental para a vida humana como a linguagem pudesse ser um artefato.

A resposta viria não do universo digital... mas do terreno analógico que parecia afundado no passado, não apenas porque o conceito é tão simples que no início a maioria dos linguistas não conseguia vê-lo como conceito. A coisa se resume a uma única palavra: mnemônica.

Por volta de 350 a.C. tanto Platão quanto Aristóteles já escreviam sobre a mnemônica, e Aristóteles estava trabalhando em um sistema completo de análise. A palavra "mnemônica" deriva do grego *mnemon*, que significa "cônscio, ciente". O *m* é mudo, como o *p* em "pneumonia". Uma mnemônica é um artifício, essencialmente um truque, uma chave fácil de lembrar para se abrir um conjunto de conhecimentos longo demais, detalhado e complicado demais ou simplesmente entediante e irritante demais para ser memorizado sem algum auxiliar de memória (sendo esta a definição de mnemônica em três palavras). Os gregos preferiam as mnemônicas de lugares (método de *loci*), em que se imagina que cada termo, nome ou número está em uma área específica de um certo aposento em um certo andar em uma determinada casa dentro de uma fileira interminável de casas idênticas. Era surpreendentemente fácil reuni-las mais tarde na ordem correta. Em inglês, provavelmente as mnemônicas "métricas" mais conhecidas são: "Thirty days hath September, April, June and November"... "*I* before *E* except after *C*"... "In fourteen hundred and ninety-two Columbus sailed the ocean blue"... "Red sky at night, shepherd's delight; red sky in morning, shepherd's warning."

Hoje em dia a mnemônica é considerada apenas algo prático como um artifício de memória para lembrarmos de ingredientes, listas e, em alguns casos, fórmulas. Virtualmente todas as ciências dependem de mnemônicas, sendo típicas aquelas em forma de frases em que a primeira letra de cada palavra representa um item ou procedimento diferente, ou então aquelas sob a forma de uma só palavra, cujas letras representam componentes diferentes. O ramo da química, por exemplo, produz mnemônicas a granel. Algumas são bastante engenhosas, como a que se refere à sequência de ácidos dicarboxílicos na química orgânica: oxálico, malônico, succínico, glutárico, adípico, pimélico, subérico, azelaico e sebácico. Se você puser em maiúscula a primeira letra de cada palavra e for suficientemente inteligente, poderá chegar a *"Oh My, Such Good Apple Pie, Sweet As Sugar"*. Isso é a mnemônica.

Já a sequência de orbitais (áreas em que os elétrons se movem), designada como s p d f g h i k, é transformada em uma mnemônica quase fácil de lembrar: *Sober Physicists Don't Find Giraffes Hiding In Kitchens*.

A série de elementos lantanídeos, que é "La Ce Pr Nd Pm Sm Eu Gd Tb Dy Ho Er Tm Yb Lu", gera *"Lame Celibate Prudes Need Promiscuous Smut with European Gods. Troublesome Dying Ho, it's Erotic TiMe, You Bitch LUst!"*.

Uma das séries de atividade de metais é "K>Na>Mg>Al>Zn>Fe>Pd>H>Cu>Au", e com a mnemônica fica *"Kangaroos Naturally Muck About in Zoos For Purple Hippos Chasing Aardvarks"*.

E ninguém que estude a arte da mnemônica esquecerá daquela que transforma a quilométrica série eletroquímica, "potássio>sódio>cálcio>magnésio>alumínio>zinco>ferro>estanho>chumbo>hidrogênio>cobre>prata>ouro", em um minipoema: *"Paddy Still Could Marry A Zulu In The Lovely Honolulu, Causing Strange Gazes."*

A própria linguagem, mãe de todas as mnemônicas, é justamente o mesmo tipo de artifício que a química emprega. As palavras são mnemônicas elementares, sequências de sons (o alfabeto) que usamos para lembrar de todas as coisas no mundo, das menores às maiores. A fala, ou a linguagem, trata de usar essas mnemônicas, ou seja, as palavras, para criar significados.

E isso é tudo que a fala é, um sistema mnemônico, sistema este que habilitou o *Homo sapiens* a assumir o controle do mundo inteiro. É a linguagem, e somente a linguagem com suas mnemônicas, que vai criando a memória à medida que o *Homo sapiens* a vivencia. Até mesmo os macacos mais inteligentes não têm pensamentos, e sim respostas condicionadas a certas pressões primevas, principalmente a necessidade de comida e o temor de ameaças físicas.

Na realidade, porém, a mnemônica não está apenas a serviço da linguagem. Ela *é* a linguagem. Ao longo da história da linguagem (e é de todo irrelevante tentar fazer as costumeiras estimativas paleontológicas acerca da data em que isso ocorreu), o homem vem convertendo objetos, ações, pensamentos, conceitos e emoções em códigos, convencionalmente conhecidos como palavras. Ninguém sabe quando (e tampouco há razão para que alguém venha a saber um dia) ocorreu ao *Homo sapiens* usar as palavras como mnemônicas. Atualmente, porém, existem entre seis e sete mil diferentes sistemas mnemônicos, mais conhecidos como línguas, cobrindo o mundo. Elas, e somente elas, *são* linguagens... são simples e claras. Pode ser divertido ver pessoas, até inteligentes sob outros aspectos, batendo a cabeça na mesma muralha, rebanhos delas, cardumes delas, gerações delas, Eras e Idades inteiras delas, todo um brilhante universo delas, incessantemente... mas por quanto tempo?

* * *

O REINO DA FALA

Certa noite me ocorreu (não como uma revelação profunda, não como resultado de qualquer análise, mas como algo tão perfeitamente óbvio que eu mal conseguia acreditar que um sábio consagrado não houvesse notado aquilo antes) que *existe* entre homem e animal uma distinção fundamental, uma linha divisória marcante, tão abrupta e irremovível quanto um penhasco: a saber, a fala.

"A fala", eu disse comigo mesmo, "deu à besta humana muito mais do que uma engenhosa ferramenta de comunicação. A fala foi uma verdadeira arma nuclear!"

A fala foi o primeiro artefato, a primeira ocasião em que uma criatura, o homem, pegou elementos da natureza (neste caso, sons), transformando-os em algo inteiramente novo e feito pelo homem... cadeias de sons que formavam códigos, códigos esses denominados palavras. Mas a fala não é apenas um artefato, é o artefato primordial. Sem a fala, a besta humana não conseguiria ter criado quaisquer outros artefatos, nem o porrete mais grosseiro, nem a enxada mais simples, nem a roda, nem o foguete Atlas, nem a dança, nem a música, nem melodias entoadas, na realidade absolutamente nenhuma melodia, nem o rufo de tambores, nem ritmos de qualquer tipo, nem manter o compasso com as mãos.

A fala, e somente a fala, dá à besta humana a capacidade de fazer planos... não apenas a longo prazo, mas de *qualquer* tipo, até o de fazer algo dentro de cinco minutos. A fala, e somente ela, dá à besta humana o poder de uma memória precisa e os meios para preservá-la em seus pensamentos, tanto agora quanto indefinidamente, em letras impressas, em fotografias, em filmes ou na forma de diagramas de engenharia e arquitetura. A fala, e somente a fala, capacita o homem a usar a matemática. (Quem duvidar que tente contar de um a dez sem palavras.) A fala, e somente ela, dá à besta humana o poder de ampliar suas fontes de alimento por meio de um artifício chamado agricultura. A fala pôs fim não apenas à evolução do homem, tornando-a desnecessária para a sobrevivência, como também à evolução dos animais.

Hoje em dia o chamado reino animal é uma colônia de animais, que pertence a nós e só existe por nossa permissão. Se fôssemos suficientemente tolos e obtivéssemos a cooperação de gente por toda a Terra, em seis meses poderíamos exterminar todos os animais que assomassem mais de um centímetro acima do chão. Atualmente todo o gado, todas as galinhas e todas as ovelhas do mundo, além da vasta maioria de porcos, cavalos e perus, todos os membros desse bando enorme já são mantidos por nós em cativeiro, *todos* eles... para fazermos o que bem quisermos.

Em suma, a fala, e somente a fala, possibilitou que nós, bestas humanas, conquistássemos todos os centímetros quadrados de terra no mundo, subjugássemos todas as criaturas suficientemente grandes para serem vistas e comêssemos metade da população dos mares.

E isso, a capacidade de conquistar o planeta inteiro para nossa própria espécie, é a realização menor do grande poder da fala. A realização grande foi a criação de um eu interno, um *ego*. A fala, e somente ela, dá ao homem o poder de fazer perguntas sobre a própria vida... e de tirar a própria vida. Nenhum animal comete suicídio. A fala, e somente a fala, é que nos dá o impulso de matar os outros em escala maciça, seja na guerra ou em outras campanhas de terror. A fala, e somente ela, é que nos dá o poder de nos exterminarmos e tornarmos o planeta inabitável *num piscar de olhos*, em cerca de 35 ou quarenta minutos nucleares. Só a fala dá ao homem o poder de inventar religiões, com deuses para animá-las... e em seis casos extraordinários, de mudar a história, por séculos, somente com palavras, sem dinheiro ou apoio político. Os nomes dos seis são Jesus, Maomé (cujo poder militar só foi alcançado após vinte anos de pregação), João Calvino, Marx, Freud... e Darwin. E isto, em vez de qualquer teoria, é o que torna Darwin a figura monumental que ele é.

A besta humana não precisa que a explicação ofereça esperança. Ela acreditará em qualquer coisa que seja convincente. Jesus oferecia grandes esperanças. Os últimos serão os primeiros, e os primeiros serão os últimos. É mais fácil um camelo passar pelo buraco de uma agulha do que um rico entrar no reino dos céus. Os mansos herdarão a terra e ascenderão à mão direita de Deus. Isso, que é do sermão da montanha, é a mais radical doutrina política e social já promulgada. Seus soldados eram milhares, milhões, de mansos, e demorou a maior parte de três séculos para que a Palavra arrebanhasse um conjunto de seguidores tão grande que até o imperador romano Constantino se converteu ao cristianismo. Já Calvino oferecia menos esperança do que Jesus; Maomé, mais e menos; Marx, mais e mais. Os mansos (ou "o proletariado", como ele dizia) herdariam a terra *aqui!... agora!...* nada de recompensas lá no céu. Freud oferecia mais sexo. Já

Darwin não oferecia absolutamente nada. No entanto, cada um deixou uma influência duradoura.

Jesus é o Rock of Ages para o marxismo e seu filho menos vulgar, o politicamente correto das universidades americanas, embora os patinhos atuais de Jesus engasguem só de pensar nisso. Houve uma experiência prática de marxismo que durou 72 anos, de 1917 a 1989, e fracassou sinistramente. Contudo, o conceito marxista de uma classe social dominando outra talvez permaneça conosco para sempre. Em termos médicos, hoje Freud é considerado um completo charlatão e um velho professor maluquinho. No entanto, seu conceito de sexo como uma energia semelhante ao vapor em uma caldeira, que precisa ser liberada de forma ordeira, ou a caldeira explodirá, também permanece conosco. Neste momento você, enquanto olha para estas páginas, pode ter certeza de que há literalmente milhões de virilhas passando por espasmos e convulsões mundo afora, e que isso não estaria acontecendo não fossem as palavras de Sigmund Freud.

E isto, o poder de uma pessoa controlar milhões de seus semelhantes humanos, durante séculos, é um poder que a Teoria da Evolução não consegue nem começar a explicar... ou subscrever. As palavras de Maomé vêm fascinando e dominando a vida cotidiana de 35 por cento das pessoas na Terra desde o século VIII. E esse domínio só vem se fortalecendo na nossa época. As palavras de Jesus regeram uma porcentagem comparável de pessoas, durante um milênio e meio, antes de enfraquecerem na Europa durante a última metade do século XX.

Palavras são artefatos, e antes da fala o homem não conseguia criar quaisquer outros artefatos, fosse um estilingue, um iPhone ou o tango. Só que a fala, fonte de todos os artefatos, tinha uma vida que nenhum outro artefato jamais chegaria perto de ter. Você poderia deixar de lado um estilingue ou um iPhone e esquecer deles. Poderia parar de dançar tango e o tango desapareceria para sempre... ou até que você se dignasse a dançar novamente. Mas não poderia fazer a fala recuar depois que as palavras saíssem de sua boca. O mesmo comentário poderia fazer com que suas sobrinhas e seus sobrinhos dessem gargalhadas, ou fazer com que seus irmãos e irmãs desprezassem você para sempre. Um homem poderoso poderia dizer uma coisa errada e dezenas de milhares de homens sem importância poderiam perder a vida na guerra que sobreviria logo depois que as palavras saíssem da boca do poderoso. Ou, então, um homem fraco poderia se embebedar certa noite e dizer algo romântico para uma moça bonita. Ele acorda de manhã com uma ressaca terrível, massageando a testa, consumido pela culpa por causa dos doces olhares possessivos que ela está lhe dando. E ela não tem dificuldade alguma de colocá-lo em uma caixa, amarrar o embrulho com uma fita e dá-lo como presente de casamento a si mesma... o pontapé inicial de 62 anos, durante os quais ele terá a chance de descobrir o quão estúpida ela é e o quão adorável não é... tudo isso, resultado de uma breve fala bêbada que ele proferiu em outro século.

Em breve a fala será reconhecida como o Quarto Reino da Terra. Já temos o *regnum animalia*, o *regnum vegetabile*, o *regnum lapideum* (animal, vegetal, mineral), e logo teremos o *regnum loquax*, o reino da fala, habitado somente pelo *Homo loquax*. Ou será "reino" uma palavra pequena demais para a eminência da fala, que pode fazer o que tiver vontade com os outros três, tanto fisicamente quanto de todos os outros modos? Deveria o nome ser *Imperium loquax*, tornando a fala um império igual ao *Imperium naturae*, o Império da Natureza? Ou *Universum loquax*, o Universo Falado... esta "inteligência superior", este "novo poder de caráter definido"?

Ontem à noite eu estava folheando um livro didático sobre a Evolução. Esbarrei com um trecho de duas páginas: na esquerda, havia uma chimpanzé e seu filhote se acomodando para passar a noite na forquilha tríplice de uma árvore; na direita, o retrato de uma tropa de gorilas esmagando moitas para fazer grosseiros ninhos noturnos.

Ergui os olhos do livro e lancei o olhar pela janela, em direção a dois hotéis muito bacanas a poucas quadras de onde moro em Nova York, o Mark e o Carlyle, que têm 35 andares... todos os dois com ar-condicionado, aquecimento central, serviço de quarto, colchões Dux, edredons com as bordas dobradas, iluminação discreta, conexão Wi-Fi, TVs de tela plana do tamanho do Colorado, banheiros com duas cubas, cortinas de seda, cofres digitais, carpetes David Hicks, sistema de som Bose, acessórios para chuveiros de metal alemão... cheios de sabe-se lá quantos seres humanos que esperam ter ao menos isso em troca de seus 750 dólares (ou mais) a diária... e a distância os picos dos prédios da Chrysler, do Empire State, do Citicorp, além da ponta do topo da nova Freedom Tower... e daqui até lá, um vasto campo de aço com espigões de dez, vinte, trinta, quarenta ou cinquenta andares.

O REINO DA FALA

Então me ocorreu que essas duas cenas noturnas, a da Terra dos Macacos de um lado, e a de Manhattan do outro, formavam um gráfico perfeito do que a fala provocara. *A fala!* Dizer que os animais haviam evoluído até virarem o homem era como dizer que o mármore de Carrara evoluíra até virar o *Davi* de Michelangelo. A fala é aquilo a que o homem presta homenagem em todo momento que ele pode imaginar.

NOTAS

CAPÍTULO I: O ANIMAL QUE FALAVA

1) Thomas Malthus, *An Essay on the Principle of Population* (Londres: J. Johnson, 1798), capítulo 2.

2) Ibid., capítulo 1.

3) James Hutton, *An Investigation of the Principles of Knowledge, and of the Progress of Reason, from Sense to Science and Philosophy* (Edimburgo: Strahan and Cadell, 1794).

4) Erasmus Darwin, *Zoonomia; or, the Laws of Organic Life* (Londres: J. Johnson, 1794).

5) Jean-Baptiste Lamarck, *Recherches sur l'organisation des corps vivants* (Paris: Maillard, 1802). O livro baseava-se na palestra dada por Lamarck em 1800 no Museu Nacional de História Natural em Paris, onde ele era professor.

6) James Secord, *Victorian Sensation: The Extraordinary Publication, Reception, and Secret Authorship of "Vestiges of the Natural History of Creation"* (Chicago: University of Chicago Press, 2003), 20-21.

7) Adam Sedgwick, "Vestiges of the Natural History of Creation", *Edinburgh Review* (julho de 1845), 1-85.

8) Adam Sedgwick para Charles Lyell, 9 de abril de 1845, em *The Life and Letters of the Reverend Adam Sedgwick*, org. John Willis Clark e Thomas McKenny Hughes (Londres: C. J. Clay and Sons, 1890), 83.

9) Citado em John M. Lynch, org., *Selected Periodical Reviews, 1844-54*, vol. 1 de *"Vestiges" and the Debate Before Darwin* (Bristol, RU: Thoemmes Press, 2000).

10) Ibid., 10.

11) Ben Waggoner, "Robert Chambers", Museu de Paleontologia da Universidade da Califórnia, http://www.ucmp.berkeley.edu/history/chambers.html.

12) Thomas Henry Huxley, resenha de *Vestiges of the Natural History of Creation*, 10ª edição, *The British and Foreign Medico-Chirurgical Review* 13 (janeiro-abril de 1854), 438.

13) Ibid., 427.

14) Alfred Russel Wallace, *My Life: A Record of Events and Opinions* (Londres: Chapman & Hall, 1905), 361-63.

15) Alfred Russel Wallace, "On the Tendency of Varieties to Depart Indefinitely from the Original Type", *Journal of the Proceedings of*

the Linnean Society: Zoology 3, nº 9 (20 de agosto de 1858). Inicialmente lida na reunião da Sociedade Lineana em 1º de julho de 1858.

16) Darwin escreve que Lyell já elogiara o trabalho de Wallace em uma carta de 22 de dezembro de 1857, https://www.darwinproject.ac.uk/letter/DCPLETT-2192.xml.

17) Mark Rothery, "The Wealth of the English Landed Gentry, 1870-1935", *Agricultural History Review* 55, nº 2 (2007), 251-68.

18) Um registro de Charles Lyell I adquirindo a propriedade foi publicado na edição de 9 de dezembro de 1887 da *Scottish Law Reporter* e incluía sua profissão, bem como as de seus sucessores.

19) Ver a árvore genealógica da família Darwin, preparada por Charles Darwin em seu livro *The Life of Erasmus Darwin*, org. Desmond King-Hele (Nova York: Cambridge University Press, 2004), 141-143.

20) Ibid., 25.

21) Michael Shermer, *In Darwin's Shadow: The Life and Science of Alfred Russel Wallace; A Biographical Study on the Psychology of History* (Nova York: Oxford University Press, 2002), 14-15.

22) Charles Darwin, *Narrative of the Surveying Voyages of His Majesty's Ships* Adventure *and* Beagle, *1832-1836*, vol. 3 (Londres: Henry Colburn, 1839), 95-96.

23) Essas histórias vêm sendo comunicadas oralmente há gerações, de modo que não há versões definitivas. Ver mais sobre esses e outros mitos da Criação em: www.powhatanmuseum.com.

24) George Thornton Emmons, *The Tlingit Indians*, org. Frederica de Laguna (Seattle: University of Washington Press, 1991), 34.

25) David Adams Leeming, *A Dictionary of Creation Myths* (Nova York: Oxford University Press, 1996), 44-46.

26) Ibid., 252-53.

27) George Hart, *The Routledge Dictionary of Egyptian Gods and Goddesses* (Nova York: Routledge, 2002), 3.

28) Molefi Kete Asante e Abu S. Abarry, orgs., *African Intellectual Heritage: A Book of Sources* (Filadélfia: Temple University Press, 1996), 35-37.

29) Em 1º de abril de 1838, Darwin escreveu para sua irmã Susan sobre sua visita ao zoológico. Ver mais sobre Jenny, a fêmea de orangotango, em Jonathan Weiner, "Darwin at the Zoo", *Scientific American*, 5 de novembro de 2006.

30) Charles Darwin, *The Autobiography of Charles Darwin, 1809-1882*, org. Nora Barlow (Nova York: W. W. Norton & Company, 1958), 144.

CAPÍTULO II: CAVALHEIROS E VELHOS PARCEIROS

1) Ibid., 2.

2) Janet Browne, *Charles Darwin: The Power of Place* (Princeton, NJ: Princeton University Press, 2002), 40.

3) Thomas Bell, citado no editorial de Brian Gardiner em *The Linnean* 13, nº 4, 1997.

4) Charles R. Darwin e Alfred R. Wallace, "Proceedings of the Meeting of the Linnean Society held on July 1st, 1858", *Journal of the Proceedings of the Linnean Society: Zoology* 3. A publicação impressa está disponível em Wallace Online (wallace-online.org). O artigo inteiro usava o título de Wallace (sem lhe dar crédito especificamente), mas, como Darwin era o primeiro autor, seu nome aparece primeiro na folha de rosto e em todos os cabeçalhos.

5) A carta desapareceu, mas Wallace resume seus pensamentos na sua autobiografia, *My Life: A Record of Events and Opinions* (Londres: Chapman & Hall, 1905).

6) Charles Darwin, *The Origin of Species* (Londres: John Murray, 1859), 488.

7) Richard Owen, "Darwin on the Origin of Species", *Edinburgh Review* (abril de 1860).

8) Thomas Henry Huxley, "Darwin's *Origin of Species*", *The Times* (Londres, 26 de dezembro de 1859).

9) Ver mais sobre o Clube X em Ruth Barton, "'An Influential Set of Chaps': The X-Club and Royal Society Politics, 1.864-85", *British Journal for the History of Science* 23, nº 1 (1990), e Browne, *Charles Darwin*, 2002.

10) Ver Leon Wieseltier, "A Darwinist Mob Goes After a Serious Philosopher", *New Republic* (8 de março de 2013), e Thomas Nagel, *Mind and Cosmos: Why the Materialist Neo-Darwinian Conception of Nature Is Almost Certainly False* (Nova York: Oxford University Press, 2012).

11) O texto completo de "Agnosticismo", que Huxley escreveu em 1889, pode ser acessado em Thomas Henry Huxley, *Collected*

Essays, vol. 5, *Science and Christian Tradition* (Nova York: D. Appleton and Company, 1902).

12) Para maiores informações, ver Walter Kaufmann, *Nietzsche: Philosopher, Psychologist, Antichrist* (Princeton, NJ: Princeton University Press, 2013).

13) Ver Browne, *Charles Darwin* (2002), 104.

14) Max Müller, *Lectures on the Science of Language* (Nova York: Charles Scribner, 1862), 354. As palestras foram ministradas em abril, maio e junho de 1861.

15) Max Müller, "On the Results of the Science of Language", em *Essays Chiefly on the Science of Language*, vol. 4 de *Chips from a German Workshop* (Nova York: Charles Scribner's Sons, 1881), 449. Originalmente apresentado como uma palestra na Universidade Imperial de Estrasburgo, em 23 de maio de 1872.

16) Citado por John van Wyhe e Peter C. Kjaergaard em "Going the Whole Orang: Darwin, Wallace and the Natural History of Orangutans", *Studies in History and Philosophy of Biological and Biomedical Sciences* 51 (junho de 2015), 53-63.

17) Alfred Russel Wallace, "The Limits of Natural Selection as Applied to Man", *Contributions to the Theory of Natural Selection*, 2ª edição (Nova York: Macmillan and Co., 1871), 370.

18) Ibid., 334-36.

19) Ibid., 344.

20) Ibid., 344-49.

21) Ibid., 334.

22) Ibid., 352.

23) Ibid., 359-60.

24) Shermer, *In Darwin's Shadow*, 161.

25) Darwin para Alfred Russel Wallace, 27 de março de 1869. Disponível no banco de dados do Darwin Correspondence Project em https://www.darwinproject.ac.uk/entry-6684.

26) Para ver como o espiritismo emergiu no círculo de Darwin, consultar James Lander, *Lincoln and Darwin: Shared Visions of Race, Science, and Religion* (Carbondale: Southern Illinois University Press, 2010), 243-44.

CAPÍTULO III: A IDADE DAS TREVAS

1) Müller, *Lectures on the Science of Language*.

2) Wallace, "The Limits of Natural Selection", 335, 359.

3) Charles Darwin, *The Descent of Man, and Selection in Relation to Sex* (Londres: John Murray, 1871).

4) Rudyard Kipling, "How the Leopard Got His Spots", em *Just So Stories* (Nova York: Doubleday, Page & Company, 1912).

5) Stephen Jay Gould, "Sociobiology; The Art of Storytelling", *New Scientist*, 16 de novembro de 1978.

6) É assim que W. Tecumseh Fitch descreve a teoria de Darwin em "Musical Protolanguage: Darwin's Theory of Language Evolution Revisited", *Language Log* (do Linguistic Data Consortium da Universidade da Pensilvânia), 12 de fevereiro de 2009, disponível em http://languagelog.ldc.upenn.edu/nll/?p=1136. O próprio Darwin faz essa comparação em *The Descent of Man*, 55.

7) Ver Darwin, *The Descent of Man*, 54.

8) Ibid., 83. Isto foi um acréscimo à segunda edição.

9) Ibid.

10) Ibid., 68.

11) Ibid.

12) Ibid., 10. As tesourinhas também foram um acréscimo à segunda edição.

13) Ibid., 77-78.

14) Ibid.

15) Max Müller, "Darwinism Tested by the Science of Language", *Nature* 1 (6 de janeiro de 1870), 256-59.

16) "Retrospect of Literature, Art, and Science in 1871: Science", *The Annual Register* (1871), 368. O nome do resenhista nunca foi revelado.

17) Para ver exemplos, consultar a nota 26. Ver também "Review of *Descent of Man*", *Athenaeum* 3 (abril de 1871), e "Review of *The Descent of Man*", *Edinburgh Review* (julho-outubro de 1871).

18) Para maiores informações sobre a Sociedade Filológica, ver Fiona Marshall, "History of the Philological Society: The Early Years", disponível em www.philsoc.org.uk/history.asp.

19) Société de Linguistique de Paris. "Statuts de 1866, Art. 2." Disponível em http://www.slp-paris.com/spip.php?article5.

20) Ver Barton, "'An Influential Set of Chaps'".

21) Citado por Paul C. Mangelsdorf no prefácio de *Experiments in Plant Hybridisation*, de Gregor Mendel (Cambridge, MA: Harvard University Press, 1965). Esse bilhete foi guardado por Franz Barina, um monge colega de Mendel.

22) Theodosius Dobjansky, "Nothing in Biology Makes Sense Except in the Light of Evolution", *The American Biology Teacher* 35, nº 3 (março de 1973), 125-29.

23) Ver Morris Swadesh, "Sociologic Notes on Obsolescent Languages", *International Journal of American Linguistics* 14, nº 4 (outubro de 1948), 226-35, e Stanley Newman, "Morris Swadesh (1909-1967)", *Language* 43, nº 4 (dezembro de 1967), 948-57.

24) Roger Hilsman, *American Guerrilla: My War Behind Japanese Lines* (Washington, D.C.: Potomac Books, 2005), 143.

25) Morris Swadesh, "Towards Greater Accuracy in Lexicostatistical Dating", *International Journal of American Linguistics* 21, nº 2 (abril de 1955), 121-37.

26) Edwin G. Pulleyblank, "The Meaning of Duality of Patterning and Its Importance in Language Evolution", em *Studies in Language Origins* (Filadélfia: John Benjamins, 1989), 1:53-65.

27) Ver "Celebrating the History of Building 20" nos Arquivos da Biblioteca do MIT, disponível em http://libraries.mit.edu/archives/mithistory/building20/index.html.

28) Ver Florence Harris, com James Harris, "The Development of the Linguistics Program at the Massachusetts Institute of Technology" (1974, no site *50 Years of Linguistics at MIT: A Scientific Reunion, December 9-11, 2011*, disponível em http://ling50.mit.edu/harris-development.

CAPÍTULO IV: NOAM CARISMA

1) Noam Chomsky, *Syntactic Structures* (Haia: Mouton & Co., 1957), v.

2) Ibid.

3) Daniel Yergin, "The Chomskyan Revolution", *Noam Chomsky: Critical Assessments*, org. Carlos Pregrín Otero (Londres: Routledge, 1994), 42.

4) John R. Searle, "A Special Supplement: Chomsky's Revolution in Linguistics", *New York Review of Books* (29 de junho de 1972).

5) Noam Chomsky, "The Case Against B. F. Skinner", *New York Review of Books* (30 de dezembro de 1971).

6) B. F. Skinner, "A Critique of Psychoanalytic Concepts and Theories", *Cumulative Record*, 3ª ed. (Nova York: Appleton-Century-Crofts, 1972), 238-48. No mesmo artigo, ele alega que Freud deixa os psicanalistas "roubarem a cena" dos fatores behavioristas e ambientais.

7) B. F. Skinner, *Verbal Behavior* (Cambridge, MA: B. F. Skinner Foundation, 2014), capítulo 1 (e-book).

8) Noam Chomsky, "A Review of B. F. Skinner's *Verbal Behavior*", em Leon A. Jakobovits e Murray S. Miron (orgs.), *Readings in the Psychology of Language* (Englewood Cliffs, NJ: Prentice-Hall, 1967), 142-143, disponível em https://chomsky.info/1967/.

9) Ibid.

10) Ibid.

11) Ibid.

12) Ibid.

13) A entrevista foi publicada originalmente na edição de novembro de 1983 da revista *Omni*. Uma transcrição on-line está disponível em https://chomsky.info/interviews/.

14) Ibid.

15) Chomsky, "The Case Against B. F. Skinner".

16) Segundo a carta de Chomsky para Lou Rollins, datada de 10 de março de 1984, e disponível em http://www.countercontempt.com/wp-content/uploads/2011/02/IMG.pdf.

17) Noam Chomsky, *Understanding Power: The Indispensable Chomsky*, org. Peter R. Mitchell e John Schoeffel (Nova York: The New Press, 2002), 231.

18) Ibid., 245.

19) Noam Chomsky, "Comments on Dershowitz" (17 de agosto de 2006), disponível em www.chomsky.info/letters/20060817.htm.

20) Noam Chomsky, "Reply to Hitchens's Rejoinder", *The Nation*, 15 de outubro de 2001.

21) Noam Chomsky, "Reply to Werner Cohn", *Outlook*, 1º de junho de 1989.

22) Noam Chomsky, entrevista com Vince Emanuele para Veterans Unplugged, "Virtual Town Hall", dezembro de 2012. Um arquivo com esta entrevista está disponível em chomsky.globl.org.

23) Citado por Tom Bartlett em "Angry Words", *The Chronicle of Higher Education*, 20 de março de 2012. A citação original era de uma entrevista em português: Da Redação "Ele virou um charlatão", *Folha de S. Paulo*, 1º de setembro de 2009. (O título se refere a Everett.)

24) Noam Chomsky, "A Special Supplement: The Responsibility of Intellectuals", *New York Review of Books*, 23 de fevereiro de 1967. www.nybooks.com/articles/archives/1967/feb/23/a-special--supplement-the-responsibility-of-intelle/.

25) Chomsky escreve acerca disso (e os outros no "dormitório da prisão") em "On Resistance", *New York Review of Books*, 7 de dezembro de 1967.

26) Ver Harriet Feinberg, *Elsie Chomsky: A Life in Jewish Education* (Waltham, MA: Hadassah-Brandeis Institute, 1999).

27) Para saber mais sobre este histórico, ver William I. Brustein, *Roots of Hate: Anti-Semitism in Europe Before the Holocaust* (Nova

York: Cambridge University Press, 2003), e o site do United States Holocaust Memorial Museum em www.ushmm.org.

28) Jose Pierats, "The Revolution on the Land", em *The Anarchist Collectives: Workers' Self-Management in the Spanish Revolution, 1936-1939*, org. Sam Dolgoff (Nova York: Free Life Editions, 1974). Pierats cita Augustin Souchy Bauer como a fonte primária desses números. Ver também Antony Beevor, *The Battle for Spain: The Spanish Civil War 1936-1939* (Nova York: Penguin Books, 2006).

29) De uma entrevista com Noam Chomsky, *The Chomsky Reader*, org. James Peck (Nova York: Pantheon Books, 1987), 5. "Noam Chomsky", Britannica.com.

30) Paul Robinson, "The Chomsky Problem", *New York Times Book Review*, 25 de fevereiro de 1979 (uma resenha de *Linguagem e responsabilidade*, de Chomsky).

31) Eugene Garfield, "The 250 Most-Cited Authors in the *Arts & Humanities Citation Index*, 1976-1983", *Current Contents* 48 (1º de dezembro de 1986), 3-10.

32) Robin Blackburn, "For and Against Chomsky", *Prospect*, novembro de 2005.

33) Jason Cowley, "Heroes of Our Time – The Top 50", *New Statesman*, 22 de maio de 2006.

34) Larissa MacFarquhar, "The Devil's Accountant", *New Yorker*, 31 de março de 2003.

35) "Noam Chomsky", em Brian Duignan, org., *The 100 Most Influential Philosophers of All Time* (Nova York: Britannica Educational Publishing, 2010), 314-16.

36) As contagens são do site de Chomsky, www.chomsky.info/books.htm.

37) Ver Marc D. Hauser, Noam Chomsky e W. Tecumseh Fitch, "The Faculty of Language: What Is It, Who Has It, and How Did It Evolve?", *Science* 298, nº 5.598 (22 de novembro de 2002), 1.569-79

CAPÍTULO V: O QUE O PAPA-MOSCAS PEGOU

1) Daniel L. Everett, "Pirahã", em *Handbook of Amazonian Languages*, org. Desmond C. Derbyshire e Geoffrey K. Pullum (Berlim: Mouton DeGruyter, 1986), 1:200-326. Ver um exemplo da adulação acadêmica de Chomsky por Everett nas páginas 256-57.

2) Daniel Everett, "Cultural Constraints on Grammar and Cognition in Pirahã: Another Look at the Design Features of Human Language", *Current Anthropology* 46, nº 4 (agosto-outubro de 2005).

3) Ver maiores informações sobre o histórico pessoal de Everett na sua entrevista ao *Telegraph* ("Daniel Everett: Lost in Translation", de William Leith, 10 de abril de 2012) e no seu perfil na *New Yorker* ("The Interpreter", de John Colapinto, 16 de abril de 2007).

4) Aprenda mais sobre a língua pirahã e a experiência inicial de Everett com a tribo em Daniel Everett, *Don't Sleep, There Are Snakes* (Nova York: Pantheon Books, 2008). No livro, Everett também narra as experiências malsucedidas de missionários anteriores.

5) Everett aborda isso em *Handbook of Amazonian Languages*.

6) Everett, *Don't Sleep, There Are Snakes*, 132.

7) Ibid.

8) Ibid.

9) Jennifer M. D. Yoon, Nathan Witthoft, Jonathan Winawer, Michael C. Frank, Daniel L. Everett e Edward Gibson, "Cultural Differences in Perceptual Reorganization in US and Pirahã Adults", *PLoS ONE 9*, nº 11 (20 de novembro de 2014).

10) Ibid.

11) Ibid.

12) Ibid.

13) Rafaela von Bredow, "Brazil's Pirahã Tribe: Living Without Numbers or Time", *Der Spiegel*, 3 de maio de 2006.

14) Elizabeth Davies, "Unlocking the Secret Sounds of Language: Life Without Time or Numbers", *Independent*, 6 de maio de 2006.

15) Liz Else e Lucy Middleton, "Interview: Out on a Limb over Language", *New Scientist*, 16 de janeiro de 2008.

16) Citado por Geoffrey K. Pullum, "Fear and Loathing on Massachusetts Avenue", *Language Log* (do Consórcio de Dados Linguísticos da Universidade da Pensilvânia), 29 de novembro de 2006, disponível em http://itre.cis.upenn.edu/~myl/languagelog/archives/003837.html. Os arquivos da mensagem completa, datada de 28 de novembro de 2006, estão disponíveis on-line,

inclusive no Boston Area Neuroscience Talks, um grupo de discussão no Yahoo (http://yhoo.it/1SdpILf).

17) Bartlett, "Angry Words".

18) O artigo de 2007 ainda está disponível no LingBuzz em http://ling.auf.net/lingbuzz/000411.

19) "Recursion and Human Thought: Why the Pirahã Don't Have Numbers", *Edge*, 11 de junho de 2007, disponível em https://edge.org/conversation/daniel_l_everett-recursion-and-human-thought. Na discussão do "Reality Club" a seguir, Pesetsky questiona as alegações feitas por Everett, de que Pesetsky e seus coautores têm vínculos com o MIT: "Todos nós somos pesquisadores experientes, e nem todos viemos do MIT."

20) O MIT mantém um registro on-line de todas as teses e conselheiros em um banco de dados público chamado Dspace@MIT (dspace.mit.edu).

21) Ibid.

22) Colapinto, "The Interpreter".

23) Andrew Nevins, David Pesetsky e Cilene Rodrigues, "Pirahã Exceptionality: A Reassessment", *Language* 85, n° 2 (junho de 2009), 355-404.

CAPÍTULO VI: A MURALHA

1) Everett, *Don't Sleep, There Are Snakes*.

2) "Excerpt: 'Don't Sleep, There Are Snakes'", da série *Best Books 2009*, 23 de dezembro de 2009, disponível em http://www.npr.org/templates/story/story.php?storyId=121515579.

3) Everett, *Don't Sleep, There Are Snakes*.

4) Citado em Bartlett, "Angry Words".

5) Citado em Claudio Angelo, "O iconoclasta", *Folha de S. Paulo*, 1º de fevereiro de 2009.

6) Michael Tomasello, "Universal Grammar Is Dead", *Behavioral and Brain Sciences* 32, nº 5 (outubro de 2009), 470-71. Trecho do resumo do artigo: "Para progredir na compreensão da competência linguística humana, os cientistas cognitivos devem abandonar a ideia de uma gramática universal inata e, em vez disso, tentar construir teorias que expliquem tanto os universais linguísticos quanto a diversidade linguística e como as duas coisas emergem."

7) Vyvyan Evans, *The Language Myth* (Cambridge, RU: Cambridge University Press, 2014), i.

8) Larry Trask, citado por Andrew Brown, "A Way with Words", *Guardian*, 25 de junho de 2003. Trask faleceu em 2004, um ano antes da publicação do artigo "Cultural Constraints on Grammar and Cognition in Pirahã", de Everett.

9) Entrevista telefônica de Noam Chomsky ao autor em 3 de maio de 2016.

10) Noam Chomsky, "What Is Language and Why Does It Matter?". Palestra dada em 2013 ao Summer Institute da Linguistic Society of America na Universidade de Michigan, disponível em https://www.youtube.com/watch?v=72JNZZBoVw.

11) Rachel Feltman, "Birdsong and Human Speech Turn Out to Be Controlled by the Same Genes", *Washington Post*, 11 de dezembro de 2014.

12) Marc Hauser et al., "The Mystery of Language Evolution", *Frontiers in Psychology*, 7 de maio de 2014.

13) Chris Sinha, "Language and Other Artifacts: Socio-Cultural Dynamics of Niche Construction", *Frontiers in Psychology*, 20 de outubro de 2015.

14) Andy Clark, *Being There: Putting Brain, Body, and World Together Again* (Cambridge, MA: MIT Press, 1997), 193.

Impressão e Acabamento:
GRÁFICA STAMPPA LTDA.